CERVEZAS

DE TODO EL MUNDO

Thiago OLecis

INTRODUCCIÓN

Así que has decidido hacer tu propia cerveza en casa. ¡Felicidades! Está a punto de embarcarse en una tarea maravillosa y gratificante casi tan antigua como la humanidad misma. Pero no hay razón para sentirse intimidado. Aunque la gente ha estado elaborando cerveza durante milenios, el proceso básico se ha mantenido prácticamente igual a lo largo de los siglos. Este libro electrónico discutirá algunas de las recetas más simples para probar en casa.

Para sus primeras cervezas, es aconsejable comenzar con un kit: las latas o cajas de jarabe espeso y pegajoso que mezcla con agua y fermenta en un balde. Siéntase libre de comenzar directamente y comprar las cosas adicionales que necesita para hacer un lote desde cero, pero hay algunas razones para mantener las cosas lo más simples posible para los primeros lotes.

Se trabaja mucho en el diseño de cervezas en kit, y tienden a crear cervezas que son clásicas para el estilo. La mayoría de los kits tienen el potencial de brindarle muy buena cerveza; debido a esto, combinado con su bajo costo, muchas personas están felices de nunca progresar a la elaboración de cerveza de grano entero.

Hay muchos menos procesos involucrados en la fabricación de una cerveza en kit y, por lo tanto, hay menos partes que pueden salir mal. Esto conduce a una mayor probabilidad de tener una buena cerveza potable en un par de semanas. Las cervezas en kit le darán la oportunidad de practicar algunas de las habilidades clave involucradas en la elaboración de una cerveza de grano entero. Fundamentalmente, tendrá que acostumbrarse al flujo de trabajo sanitario: todo lo que toque la cerveza debe limpiarse y luego desinfectarse de antemano.

El único problema con los kits suele ser sus instrucciones defectuosas. Tírelos y sígalos en su lugar. Pueden parecer demasiado completos: esto es intencional. Quiero presentarles buenas prácticas de elaboración de cerveza que te ayudarán en el futuro. Empiece como quiere continuar. Tome su tiempo. Estarás bien. En su kit, tendrá una lata de extracto de lúpulo y levadura. Te conquistarán con frases como 'solo agrega azúcar y agua'. Si quieres una cerveza normal, sigue sus instrucciones. Pero el próximo capítulo lo guiará hacia una cerveza realmente excelente de estos mismos kits económicos.

Esto es todo lo que necesitas saber para hacer el kit de cerveza perfecto:

- Extracto de malta con lúpulo
- Levadura seca
- Azúcar y extracto de malta seca
- Agua
- Lúpulo

¡Empecemos!

CERVEZA INGLESA

1. Amber Ale

HACE 1 GALÓN

- 2 cucharadas de extracto seco de malta
- 1 taza de agua hirviendo
- 1½ cucharadas (½ tubo) de levadura ale de California líquida
- 2 galones de agua
- 8 tazas / 2 libras de malta pale ale, molida
- 2 tazas / 8 onzas de malta con miel, molida
- ½ taza / 2 onzas de malta cristal de 15 grados, molida
- ½ taza / 2 onzas de malta cristal de 40 grados, molida
- ½ taza / 2 onzas de malta de trigo, molida
- 1 cucharada / .3 onzas / 10 gramos de lúpulo Fuggle (amargo)

- ½ cucharada / .17 onzas / 5 gramos de lúpulo Saaz (saborizante) ⅛ cucharadita de musgo irlandés seco
- ½ cucharada / .17 onzas / 5 gramos de lúpulo Saaz (aroma)
- 3 cucharadas / 1 onza de azúcar de maíz disueltas en ½ taza de agua hirviendo y enfriadas, para embotellar

1 Prepare el iniciador de levadura de 6 a 12 horas antes de que planee prepararlo. Desinfecte un frasco de conservas de 1 pinta y una cuchara. Revuelva el extracto de malta en el agua hirviendo hasta que se disuelva y enfríe a temperatura ambiente en el frasco. Agregue la levadura y cubra el frasco con un trozo de envoltura de plástico asegurado con una banda de goma. Agite bien el frasco y déjelo reposar hasta que lo necesite. El iniciador debe volverse espumoso después de unas horas y verá pequeñas burbujas estallar en la superficie del líquido.

2 En una olla grande a fuego alto, caliente 1 galón de agua a 160 ° F. Mientras hace esto, precaliente su horno a 150 ° F a 155 ° F para crear un ambiente agradable y cómodo para triturar los granos. Si no tiene un horno a este nivel bajo, o no tiene un termómetro para horno, simplemente caliente su horno durante unos 5 minutos en el nivel más bajo. Apaga el horno una vez que se haya calentado.

3 Para hacer el puré, retire la olla con agua del fuego, vierta todos los granos (la malta pale ale, la malta miel, la malta cristal 15 grados, la malta cristal 40 grados y la malta trigo) en el agua y revuelva . Verifique la temperatura del puré con un termómetro de lectura instantánea. Revuelva hasta que alcance al menos 155 ° F.

4 Tapar la olla y meterla al horno. Configure un temporizador para 1 hora. Cada 15 minutos, saque la olla, revuelva los granos y verifique la temperatura. Mantenga una temperatura de

maceración de 150 ° F a 155 ° F. Si la temperatura comienza a descender por debajo de los 150 ° F, coloque la olla en el quemador por solo uno o dos minutos para calentarla nuevamente. Si está demasiado caliente, remueve el puré del fuego durante unos minutos para bajar la temperatura.

5 Después de 1 hora, los granos se trituran. Si tuvo problemas con las temperaturas altas o bajas, déle al puré otros 15 minutos en el horno para asegurarse de haber extraído todo el azúcar.

6 Coloque la olla en la estufa y caliente el puré a 170 ° F. Mantenlo a esta temperatura durante unos 10 minutos. Mientras hace esto, caliente el 1 galón de agua restante en una olla separada a alrededor de 170 ° F para usar en el siguiente paso.

7 Para rociar los granos, coloque un colador grande sobre otra olla grande, su balde de fermentación u otro recipiente lo suficientemente grande como para contener todo el líquido del paso de macerado, y colóquelo en el fregadero de su cocina. Vierta los granos triturados en el colador. El líquido, ahora llamado mosto, se acumulará en la olla debajo. Vierta lentamente la mitad del agua tibia sobre los granos, enjuagándolos uniformemente.

8 Limpiar la olla utilizada para hacer el puré y volver a colocar el colador con los granos usados en esta olla. Vierta el mosto a través de los granos nuevamente. Repita este paso de burbujeo dos veces más, terminando con el mosto nuevamente en su olla original. Agregue suficiente agua tibia adicional para hacer aproximadamente 1½ galones de mosto total, midiendo según el tamaño de su olla (una olla de 2 galones estará llena en tres cuartos). La cantidad de agua adicional necesaria variará según la cantidad de líquido que absorban los granos durante la maceración. Deseche los granos usados.

9 Lleve el mosto a ebullición a fuego alto en la estufa. Esto llevará de 30 a 45 minutos. Esté atento a la pausa caliente y tenga cuidado de que el mosto no hierva mientras esto sucede. Revuelva el mosto o baje el fuego según sea necesario.

10 Configure un temporizador para 1 hora y agregue 1 cucharada de lúpulos Fuggle para amargar. Cuando quedan 20 minutos, agregue ½ cucharada de lúpulo Saaz para Wavoring y el musgo irlandés. Cuando queda 1 minuto, agregue ½ cucharada de lúpulo Saaz para darle aroma.

11 Prepare un baño de hielo en su fregadero. Enfríe el mosto a unos 85 ° F, cambiando el agua en el baño de hielo según sea necesario.

12 Desinfecte su cubeta y tapa de fermentación, la esclusa de aire, una cuchara de mango largo, un colador, un embudo y un hidrómetro. Coloca el colador sobre el balde de fermentación de 2 galones. Si lo desea, forre el colador con una toalla de saco Qour o varias capas de gasa (desinfectada sumergiéndola en la solución desinfectante). Cuele el mosto en el balde de fermentación. Asegúrese de tener alrededor de 1 galón de mosto. Agrega más agua si es necesario. Tome una lectura del hidrómetro para determinar la gravedad original.

13 Vierta el iniciador de levadura en el mosto y revuelva vigorosamente para distribuir la levadura y airear el mosto. Encaje la tapa e inserte la esclusa de aire. Coloque el balde en algún lugar apartado, fuera de la luz solar directa y a temperatura ambiente moderada. Debería ver la fermentación activa como lo demuestran las burbujas en la esclusa de aire dentro de las 48 horas.

14 Deje que la cerveza fermente sin ser molestada durante al menos 3 días o hasta 7 días, hasta que la fermentación haya disminuido y el sedimento creado durante la preparación haya tenido la oportunidad de asentarse. En este punto, la cerveza está lista para ser transferida del sedimento a una jarra más pequeña de 1 galón para la fermentación secundaria más larga.

15 Desinfecte una jarra de 1 galón, su tapón, el bastón de trasiego, su punta, la manguera del sifón y la abrazadera de la manguera. Sifone toda la cerveza en la jarra. Incline el balde hacia el final para extraer todo el líquido. Deténgase cuando vea que el líquido de la manguera se vuelve turbio con sedimentos. Selle la jarra con su tapón. Desinfecte la esclusa de aire e insértela en el tapón de la jarra. Déjelo reposar en un lugar fresco y oscuro durante 2 semanas.

16 Para embotellar la cerveza, desinfecte una olla, un hidrómetro, diez botellas de cerveza de 12 onzas o seis botellas de cerveza de 22 onzas, sus tapas, la manguera del sifón, el bastón de trasiego, su punta y el llenador de la botella. Sifone ½ taza de cerveza al hidrómetro y úselo para determinar la gravedad Hnal. Bebe la cerveza o viértela nuevamente en la jarra una vez usada.

17 Vierta la solución de azúcar de maíz en la olla. Sifone la cerveza en la olla para mezclarla con la solución de azúcar de maíz, salpicando lo menos posible. Sifone la cerveza en botellas, tape y etiquete.

18 Deje que las botellas se asienten a temperatura ambiente, fuera de la luz solar directa, durante al menos 2 semanas para que se carbonicen por completo. Almacenar hasta por 1 año. Refrigere antes de servir.

2. IPA

HACE 1 GALÓN

- 2 cucharadas de extracto seco de malta
- 1 taza de agua hirviendo
- 1½ cucharadas (½ tubo) de levadura ale de California líquida
- 2 galones de agua

- 8 tazas / 2 libras de malta americana de 2 hileras, molida
- 2 tazas / 8 onzas de malta Maris Otter, molida
- 2 tazas / 8 onzas de malta cristalina a 20 grados, molida
- 2½ cucharadas / .87 onzas / 25 gramos de lúpulo Cascade (amargo)
- 1 cucharada / .3 onzas / 10 gramos de lúpulo Cascade (saborizante)
- ⅛ cucharadita de musgo irlandés seco
- 1 cucharada / .3 onzas / 10 gramos de lúpulo Cascade (aroma)

- 3 cucharadas / 1 onza de azúcar de maíz disueltas en ½ taza de agua hirviendo y enfriadas, para embotellar

1 Prepare el iniciador de levadura de 6 a 12 horas antes de que planee prepararlo. Desinfecte un frasco de conservas de 1 pinta y una cuchara. Revuelva el extracto de malta en el agua hirviendo hasta que se disuelva y enfríe a temperatura ambiente en el frasco. Agregue la levadura y cubra el frasco con un trozo de envoltura de plástico asegurado con una banda de goma. Agite bien el frasco y déjelo reposar hasta que lo necesite. El iniciador debe volverse espumoso después de unas horas y verá pequeñas burbujas estallar en la superficie del líquido.

2 En una olla grande a fuego alto, caliente 1 galón de agua a 160 ° F. Mientras hace esto, precaliente su horno a 150 ° F a 155 ° F para crear un ambiente agradable y cómodo para triturar los granos. Si no tiene un horno a este nivel bajo, o no tiene un termómetro para horno, simplemente caliente su horno durante unos 5 minutos en el nivel más bajo. Apaga el horno una vez que se haya calentado.

3 Para hacer el puré, retire la olla con agua del fuego, vierta todos los granos — la malta americana de 2 filas, la malta Maris

Otter y la malta cristal 20 grados — en el agua y revuelva. Verifique la temperatura del puré con un termómetro de lectura instantánea. Revuelva hasta que alcance al menos 155 ° F.

4 Tapar la olla y meterla al horno. Configure un temporizador para 1 hora. Cada 15 minutos, saque la olla, revuelva los granos y verifique la temperatura. Mantenga una temperatura de maceración de 150 ° F a 155 ° F. Si la temperatura comienza a descender por debajo de los 150 ° F, coloque la olla en el quemador por solo uno o dos minutos para calentarla nuevamente. Si está demasiado caliente, remueve el puré del fuego durante unos minutos para bajar la temperatura.

5 Después de 1 hora, los granos se trituran. Si tuvo problemas con las temperaturas altas o bajas, déle al puré otros 15 minutos en el horno para asegurarse de haber extraído todo el azúcar.

6 Coloque la olla en la estufa y caliente el puré a 170 ° F. Mantenlo a esta temperatura durante unos 10 minutos. Mientras hace esto, caliente el 1 galón de agua restante a alrededor de 170 ° F en una olla separada para usar en el siguiente paso.

7 Para rociar los granos, coloque un colador grande sobre otra olla grande, su balde de fermentación u otro recipiente lo suficientemente grande como para contener todo el líquido del paso de macerado, y colóquelo en el fregadero de su cocina. Vierta los granos triturados en el colador. El líquido, ahora llamado mosto, se acumulará en la olla debajo. Vierta lentamente la mitad del agua tibia sobre los granos, enjuagándolos uniformemente.

8 Limpiar la olla utilizada para hacer el puré y volver a colocar el colador con los granos usados en esta olla. Vierta el mosto a través de los granos nuevamente. Repita este paso de burbujeo

dos veces más, terminando con el mosto nuevamente en su olla original. Agregue suficiente agua tibia adicional para hacer aproximadamente 1½ galones de mosto total, midiendo según el tamaño de su olla (una olla de 2 galones estará llena en tres cuartos). La cantidad de agua adicional necesaria variará según la cantidad de líquido que absorban los granos durante la maceración. Deseche los granos usados.

9 Lleve el mosto a ebullición a fuego alto en la estufa. Esto llevará de 30 a 45 minutos. Esté atento a la pausa caliente y tenga cuidado de que el mosto no hierva mientras esto sucede. Revuelva el mosto o baje el fuego según sea necesario.

10 Configure un temporizador para 1 hora y agregue las 2½ cucharadas de lúpulos Cascade para amargar. Cuando queden 20 minutos, agregue 1 cucharada de lúpulo Cascade para condimentar y el musgo irlandés. Cuando quede 1 minuto, agregue la 1 cucharada restante de lúpulos Cascade para darle aroma.

11 Prepare un baño de hielo en su fregadero. Enfríe el mosto a aproximadamente 85 ° F, cambiando el agua en el baño de hielo según sea necesario.

12 Desinfecte su cubeta y tapa de fermentación, la esclusa de aire, una cuchara de mango largo, un colador, un embudo y un hidrómetro. Coloca el colador sobre el balde de fermentación de 2 galones. Si lo desea, forre el colador con una toalla de saco Qour o varias capas de gasa (desinfectada sumergiéndola en la solución desinfectante). Cuele el mosto en el balde de fermentación. Asegúrese de tener al menos 1 galón de mosto. Agrega más agua si es necesario. Tome una lectura del hidrómetro para determinar la gravedad original (consulte el Manual de Brewer).

13 Vierta el iniciador de levadura en el mosto y revuelva vigorosamente para distribuir la levadura y airear el mosto. Encaje la tapa e inserte la esclusa de aire. Coloque el balde en algún lugar apartado, fuera de la luz solar directa y a temperatura ambiente moderada. Debería ver la fermentación activa como lo demuestran las burbujas en la esclusa de aire dentro de las 48 horas.

14 Deje que la cerveza fermente sin ser molestada durante al menos 3 días o hasta 7 días, hasta que la fermentación haya disminuido y el sedimento creado durante la preparación haya tenido la oportunidad de asentarse. En este punto, la cerveza está lista para ser transferida del sedimento a una jarra más pequeña de 1 galón para la fermentación secundaria más larga.

15 Desinfecte una jarra de 1 galón, su tapón, el bastón de trasiego, su punta, la manguera del sifón y la abrazadera de la manguera. Sifone toda la cerveza en la jarra. Incline el balde hacia el final para extraer todo el líquido. Deténgase cuando vea que el líquido de la manguera se vuelve turbio con sedimentos. Selle la jarra con su tapón. Desinfecte la esclusa de aire e insértela en el tapón de la jarra. Déjelo reposar en un lugar fresco y oscuro durante 2 semanas.

16 Para embotellar la cerveza, desinfecte una olla, un hidrómetro, diez botellas de cerveza de 12 onzas o seis botellas de cerveza de 22 onzas, sus tapas, la manguera del sifón, el bastón de trasiego, su punta y el llenador de la botella. Sifone $\frac{1}{2}$ taza de cerveza al hidrómetro y úselo para determinar la gravedad Hnal. Bebe la cerveza o viértela nuevamente en la jarra una vez usada.

17 Vierta la solución de azúcar de maíz en la olla. Sifone la cerveza en la olla para mezclarla con la solución de azúcar de maíz, salpicando lo menos posible. Sifone la cerveza en botellas, tape y etiquete.

18 Deje que las botellas se asienten a temperatura ambiente, fuera de la luz solar directa, durante al menos 2 semanas para que se carbonicen por completo. Almacenar hasta por 1 año. Refrigere antes de servir.

3. Ale de trigo y albaricoque

- 2 cucharadas de extracto seco de malta
- 1 taza de agua hirviendo
- $1\frac{1}{2}$ cucharadas ($\frac{1}{2}$ tubo) de levadura Hefeweizen líquida
- 2 galones de agua
- 4 tazas / 1 libra de malta de trigo, molida
- 4 tazas / 1 libra de malta americana de 2 hileras, molida
- 2 tazas / 8 onzas de malta cristalina a 15 grados, molida
- 1 cucharada / .3 onzas / 10 gramos de lúpulo Hallertau (amargo)
- $\frac{1}{2}$ cucharada / .17 onzas / 5 gramos de lúpulo Hallertau (saborizante)
- $\frac{1}{2}$ cucharada / .17 onzas / 5 gramos de lúpulo Hallertau (aroma)

- 1 libra de albaricoques frescos, sin hueso y picados
- 3 cucharadas / 1 onza de azúcar de maíz disueltas en $\frac{1}{2}$ taza de agua hirviendo y enfriadas, para embotellar

1 Prepare el iniciador de levadura de 6 a 12 horas antes de que planee prepararlo. Desinfecte un frasco de conservas de 1 pinta y una cuchara. Revuelva el extracto de malta en el agua hirviendo hasta que se disuelva y enfríe a temperatura ambiente en el frasco. Agregue la levadura y cubra el frasco con un trozo de envoltura de plástico asegurado con una banda de goma. Agite bien el frasco y déjelo reposar hasta que lo necesite. El iniciador debe volverse espumoso después de unas horas y verá pequeñas burbujas estallar en la superficie del líquido.

2 En una olla grande a fuego alto, caliente 1 galón de agua a 160 ° F. Mientras hace esto, precaliente su horno a 150 ° F a 155 ° F para crear un ambiente agradable y cómodo para triturar los granos. Si no tiene un horno a este nivel bajo, o no tiene un termómetro para horno, simplemente caliente su horno durante unos 5 minutos en el nivel más bajo. Apaga el horno una vez que se haya calentado.

3 Para hacer el puré, retire la olla con agua del fuego, vierta todos los granos (la malta de trigo, la malta americana de 2 hileras y la malta cristal de 15 grados) en el agua y revuelva. Verifique la temperatura del puré con un termómetro de lectura instantánea. Revuelva hasta que alcance al menos 155 ° F.

4 Tapar la olla y meterla al horno. Configure un temporizador para 1 hora. Cada 15 minutos, saque la olla, revuelva los granos y verifique la temperatura. Mantenga una temperatura de maceración de 150 ° F a 155 ° F. Si la temperatura comienza a descender por debajo de los 150 ° F, coloque la olla en el quemador por solo uno o dos minutos para calentarla

nuevamente. Si está demasiado caliente, remueve el puré del fuego durante unos minutos para bajar la temperatura.

5 Después de 1 hora, los granos se trituran. Si tuvo problemas con las temperaturas altas o bajas, déle al puré otros 15 minutos en el horno para asegurarse de haber extraído todo el azúcar.

6 Coloque la olla en la estufa y caliente el puré a 170 ° F. Mantenlo a esta temperatura durante unos 10 minutos. Mientras hace esto, caliente el 1 galón de agua restante en una olla separada a alrededor de 170 ° F para usar en el siguiente paso.

7 Para rociar los granos, coloque un colador grande sobre otra olla grande, su balde de fermentación u otro recipiente lo suficientemente grande como para contener todo el líquido del paso de macerado, y colóquelo en el fregadero de su cocina. Vierta los granos triturados en el colador. El líquido, ahora llamado mosto, se acumulará en la olla debajo. Vierta lentamente la mitad del agua tibia sobre los granos, enjuagándolos uniformemente.

8 Limpiar la olla utilizada para hacer el puré y volver a colocar el colador con los granos usados en esta olla. Vierta el mosto a través de los granos nuevamente. Repita este paso de burbujeo dos veces más, terminando con el mosto nuevamente en su olla original. Agregue suficiente agua tibia adicional para hacer aproximadamente 1½ galones de mosto total, midiendo según el tamaño de su olla (una olla de 2 galones estará llena en tres cuartos). La cantidad de agua adicional necesaria variará según la cantidad de líquido que absorban los granos durante la maceración. Deseche los granos usados.

9 Lleve el mosto a ebullición a fuego alto en la estufa. Esto llevará de 30 a 45 minutos. Esté atento a la pausa caliente y

tenga cuidado de que el mosto no hierva mientras esto sucede. Revuelva el mosto o baje el fuego según sea necesario.

10 Configure un temporizador para 60 minutos y agregue 1 cucharada de lúpulo Hallertau para amargar. Cuando queden 20 minutos, agregue ½ cucharada de lúpulo Hallertau para condimentar. Cuando quede 1 minuto, agregue ½ cucharada de lúpulo Hallertau para darle aroma y los albaricoques picados. Asegúrese de que el mosto vuelva a hervir antes de retirarlo del fuego.

11 Prepare un baño de hielo en su fregadero. Enfríe el mosto a unos 85 ° F, cambiando el agua en el baño de hielo según sea necesario.

12 Desinfecte su cubeta y tapa de fermentación, la esclusa de aire, una cuchara de mango largo y un hidrómetro. Vierta los trozos de mosto y albaricoque en el balde desinfectado de 2 galones. Tome una lectura del hidrómetro para determinar la gravedad original (consulte el Manual de Brewer).

13 Vierta el iniciador de levadura en el mosto y revuelva vigorosamente para distribuir la levadura y airear el mosto. Encaje la tapa e inserte la esclusa de aire. Coloque el balde en algún lugar apartado, fuera de la luz solar directa y a temperatura ambiente moderada. Debería ver la fermentación activa como lo demuestran las burbujas en la esclusa de aire dentro de las 48 horas.

14 Deje que la cerveza fermente sin ser molestada durante al menos 3 días o hasta 7 días, hasta que la fermentación haya disminuido y el sedimento creado durante la preparación haya tenido la oportunidad de asentarse. En este punto, la cerveza está lista para ser transferida del sedimento y los albaricoques

a una jarra más pequeña de 1 galón para la fermentación secundaria más larga.

15 Desinfecte una jarra de 1 galón, su tapón, un embudo, una toalla o una estopilla y una cuchara de mango largo. Inserte el embudo en la jarra de 1 galón y cúbralo con el paño. Vierta lentamente la cerveza en la jarra, eliminando los sólidos. Utilice la cuchara según sea necesario para remover el sedimento que se acumula en el embudo. Selle la jarra con su tapón. Desinfecte la esclusa de aire e insértela en el tapón de la jarra. Déjelo reposar en un lugar fresco y oscuro durante 2 semanas.

16 Para embotellar la cerveza, desinfecte una olla, un hidrómetro, diez botellas de cerveza de 12 onzas o seis botellas de cerveza de 22 onzas, sus tapas, la manguera del sifón, el bastón de trasiego, su punta y el llenador de la botella. Sifone $\frac{1}{2}$ taza de cerveza al hidrómetro y úselo para determinar la gravedad Hnal. Bebe la cerveza o viértela nuevamente en la jarra una vez usada.

17 Vierta la solución de azúcar de maíz en la olla. Sifone la cerveza en la olla para mezclarla con la solución de azúcar de maíz, salpicando lo menos posible. Sifone la cerveza en botellas, tape y etiquete.

18 Deje que las botellas se asienten a temperatura ambiente, fuera de la luz solar directa durante al menos 2 semanas para que se carbonaten por completo. Almacenar hasta por 1 año. Refrigere antes de servir.

4. Ale de la granja de Saison

- 2 cucharadas de extracto seco de malta
- 1 taza de agua hirviendo
- 1½ cucharadas (½ tubo) de levadura de Saison líquida
- 10 tazas / 2½ libras de malta pilsner, molida
- 1 taza / 4 onzas de malta de trigo molida

- 1 taza / 4 onzas de malta Munich, molida
- 1 cucharada / .3 onzas / 10 gramos de lúpulo Palisade (amargo)
- ½ cucharadita / .05 onzas / 1.5 gramos de lúpulo Sorachi Ace (apetitoso)
- ½ cucharadita / .05 onzas / 1,5 gramos de lúpulo Sorachi Ace (aroma)
- 3 cucharadas / 1 onza de azúcar de maíz disueltas en ½ taza de agua hirviendo y enfriadas, para embotellar

1 Prepare el iniciador de levadura de 6 a 12 horas antes de que planee prepararlo. Desinfecte un frasco de conservas de 1 pinta y una cuchara. Revuelva el extracto de malta en el agua hirviendo hasta que se disuelva y enfríe a temperatura ambiente en el frasco. Agregue la levadura y cubra el frasco con un trozo de envoltura de plástico asegurado con una banda de goma. Agite bien el frasco y déjelo reposar hasta que lo necesite. El iniciador debe volverse espumoso después de unas horas y verá pequeñas burbujas estallar en la superficie del líquido.

2 En una olla grande a fuego alto, caliente 1 galón de agua a 160 ° F. Mientras hace esto, precaliente su horno a 150 ° F a 155 ° F para crear un ambiente agradable y cómodo para triturar los granos. Si no tiene un horno a este nivel bajo, o no tiene un termómetro para horno, simplemente caliente su horno durante unos 5 minutos en el nivel más bajo. Apaga el horno una vez que se haya calentado.

3 Para hacer el puré, retire la olla con agua del fuego, vierta todos los granos (la malta pilsner, la malta de trigo y la malta Munich) en el agua y revuelva. Verifique la temperatura del puré con un termómetro de lectura instantánea. Revuelva hasta que alcance al menos 155 ° F.

4 Tapar la olla y meterla al horno. Configure un temporizador para 1 hora. Cada 15 minutos, saque la olla, revuelva los granos y verifique la temperatura. Mantenga una temperatura de maceración de 150 ° F a 155 ° F. Si la temperatura comienza a descender por debajo de los 150 ° F, coloque la olla en el quemador por solo uno o dos minutos para calentarla nuevamente. Si está demasiado caliente, remueve el puré del fuego durante unos minutos para bajar la temperatura.

5 Después de 1 hora, los granos se trituran. Si tuvo problemas con las temperaturas altas o bajas, déle al puré otros 15 minutos en el horno para asegurarse de haber extraído todo el azúcar.

6 Coloque la olla en la estufa y caliente el puré a 170 ° F. Mantenga el puré a esta temperatura durante unos 10 minutos. Mientras hace esto, caliente el 1 galón de agua restante en una olla separada a alrededor de 170 ° F para usar en el siguiente paso.

7 Para rociar los granos, coloque un colador grande sobre otra olla grande, su balde de fermentación u otro recipiente lo suficientemente grande como para contener todo el líquido del paso de macerado, y colóquelo en el fregadero de su cocina. Vierta los granos triturados en el colador. El líquido, ahora llamado mosto, se acumulará en la olla debajo. Vierta lentamente la mitad del agua tibia sobre los granos, enjuagándolos uniformemente.

8 Limpiar la olla utilizada para hacer el puré y volver a colocar el colador con los granos usados en esta olla. Vierta el mosto a través de los granos nuevamente. Repita este paso de burbujeo dos veces más, terminando con el mosto nuevamente en su olla original. Agregue suficiente agua tibia adicional para hacer aproximadamente $1\frac{3}{4}$ galones de mosto total, midiendo según el

tamaño de su olla (una olla de 2 galones estará casi llena). La cantidad de agua adicional necesaria variará según la cantidad de líquido que absorban los granos durante la maceración. Deseche los granos usados.

9 Lleve el mosto a ebullición a fuego alto en la estufa. Esto llevará de 30 a 45 minutos. Esté atento a la pausa caliente y tenga cuidado de que el mosto no hierva mientras esto sucede. Revuelva el mosto o baje el fuego según sea necesario.

10 Configure un temporizador para 90 minutos. Deje hervir el mosto durante 30 minutos y luego agregue 1 cucharada de lúpulo Palisade para amargar. Cuando queden 20 minutos, agregue ½ cucharadita de lúpulo Sorachi Ace para Havoring. Cuando quede 1 minuto, agregue ½ cucharadita de lúpulo Sorachi Ace para darle aroma.

11 Prepare un baño de hielo en su fregadero. Enfríe el mosto a unos 85 ° F, cambiando el agua en el baño de hielo según sea necesario.

12 Desinfecte su cubeta y tapa de fermentación, la esclusa de aire, una cuchara de mango largo, un colador, un embudo y un hidrómetro. Coloca el colador sobre el balde de fermentación de 2 galones. Si lo desea, forre el colador con una toalla de saco Qour o varias capas de gasa (desinfectada sumergiéndola en la solución desinfectante). Cuele el mosto en el balde de fermentación. Asegúrese de tener al menos 1 galón de mosto. Agrega más agua si es necesario. Tome una lectura del hidrómetro para determinar la gravedad original.

13 Vierta el iniciador de levadura en el mosto y revuelva vigorosamente para distribuir la levadura y airear el mosto. Encaje la tapa e inserte la esclusa de aire. Coloque el balde en

algún lugar apartado, fuera de la luz solar directa y a temperatura ambiente moderada. Debería ver la fermentación activa como lo demuestran las burbujas en la esclusa de aire dentro de las 48 horas.

14 Deje que la cerveza fermente sin ser molestada durante al menos 3 días o hasta 7 días, hasta que la fermentación haya disminuido y el sedimento creado durante la preparación haya tenido la oportunidad de asentarse. En este punto, la cerveza está lista para ser transferida del sedimento a una jarra más pequeña de 1 galón para la fermentación secundaria más larga.

15 Desinfecte una jarra de 1 galón, su tapón, el bastón de trasiego, su punta, la manguera del sifón y la abrazadera de la manguera. Sifone toda la cerveza en la jarra. Incline el balde hacia el final para extraer todo el líquido. Deténgase cuando vea que el líquido de la manguera se vuelve turbio con sedimentos. Selle la jarra con su tapón. Desinfecte la esclusa de aire e insértela en el tapón de la jarra. Déjelo reposar en un lugar fresco y oscuro durante 2 semanas.

16 Para embotellar la cerveza, desinfecte una olla, un hidrómetro, diez botellas de cerveza de 12 onzas o seis botellas de cerveza de 22 onzas, sus tapas, la manguera del sifón, el bastón de trasiego, su punta y el llenador de la botella. Sifone $\frac{1}{2}$ taza de cerveza al hidrómetro y úselo para determinar la gravedad Hnal. Bebe la cerveza o viértela nuevamente en la jarra una vez usada.

17 Vierta la solución de azúcar de maíz en la olla. Sifone la cerveza en la olla para mezclarla con la solución de azúcar de maíz, salpicando lo menos posible. Sifone la cerveza en botellas, tape y etiquete.

18 Deje que las botellas se asienten a temperatura ambiente, fuera de la luz solar directa, durante al menos 2 semanas para que se carbonicen por completo. Almacenar hasta por 1 año. Refrigere antes de servir.

5. Pale Ale sin gluten

- 2 cucharadas de extracto de sorgo
- 1 taza de agua hirviendo
- 2 cucharaditas (1 paquete) de levadura ale seca (como Safale US-05)
- $1\frac{1}{2}$ galones de agua
- $1\frac{1}{4}$ tazas / 8 onzas de granos de trigo sarraceno tostados
- $2\frac{1}{8}$ tazas / $1\frac{1}{2}$ libras de extracto de sorgo
- 2 cucharadas / .7 onzas / 20 gramos de lúpulo en racimo (amargo)
- 1 cucharada / .3 onzas / 10 gramos de lúpulo en racimo (saborizante)
- $\frac{1}{8}$ cucharadita de musgo irlandés seco

- 1 cucharada / .3 onzas / 10 gramos de lúpulo Saaz (aroma)

- 3 cucharadas / 1 onza de azúcar de maíz disueltas en $\frac{1}{2}$ taza de agua hirviendo y enfriadas, para embotellar

1 Prepara el iniciador de levadura de 1 a 3 horas antes de que planees prepararlo. Desinfecte un frasco de conservas de 1 pinta y una cuchara. Revuelva 2 cucharadas de extracto de sorgo en 1 taza de agua hirviendo hasta que se disuelva y se enfríe a temperatura ambiente en el frasco. Agregue la levadura y cubra el frasco con un trozo de envoltura de plástico asegurado con una banda de goma. Agite bien el frasco y déjelo reposar hasta que lo necesite. El iniciador debe volverse espumoso después de unas horas y verá pequeñas burbujas estallar en la superficie del líquido.

2 En una olla grande a fuego alto, caliente 8 tazas de agua a 155 ° F. Mientras hace esto, precaliente su horno a 150 ° F a 155 ° F para crear un ambiente agradable y cómodo para triturar los granos. Si no tiene un horno a este nivel bajo, o no tiene un termómetro para horno, simplemente caliente su horno durante unos 5 minutos en el nivel más bajo. Apaga el horno una vez que se haya calentado.

3 Retire la olla con agua del fuego, vierta el trigo sarraceno en el agua y revuelva. Verifique la temperatura del puré con un termómetro de lectura instantánea. Revuelva hasta que alcance al menos 155 ° F.

4 Tapar la olla y meterla al horno. Establece un temporizador de 30 minutos. A la mitad, saque la olla, revuelva los granos y verifique la temperatura. Mantenga una temperatura de maceración de 150 ° F a 155 ° F. Si la temperatura comienza a descender por debajo de los 150 ° F, coloque la olla en el

quemador por solo uno o dos minutos para calentarla nuevamente. Si está demasiado caliente, revuelva el puré o al fuego durante unos minutos para bajar la temperatura.

5 Después de 30 minutos, se tritura el trigo sarraceno. Coloque la olla en la estufa y caliente el puré a 170 ° F. Manténgalo a esta temperatura durante unos 10 minutos. Mientras hace esto, caliente el 1 galón de agua restante a alrededor de 170 ° F en una olla separada para usar en el siguiente paso. 6 • Para rociar los granos, coloque un colador grande sobre otra olla grande, su balde de fermentación u otro recipiente lo suficientemente grande para contener todo el líquido del paso de maceración, y colóquelo en el fregadero de su cocina. Vierta los granos triturados en el colador. El líquido, ahora llamado mosto, se acumulará en la olla debajo. Vierta lentamente la mitad del agua tibia sobre los granos, enjuagándolos uniformemente.

7 Limpiar la olla utilizada para hacer el puré y volver a colocar el colador con los granos usados en esta olla. Vierta el mosto a través de los granos nuevamente. Repita este paso de burbujeo dos veces más, terminando con el mosto nuevamente en su olla original.

8 Agregue 1½ libras de extracto de sorgo y suficiente agua tibia adicional para hacer aproximadamente 1½ galones de mosto total, midiendo según el tamaño de su maceta (una maceta de 2 galones estará llena en tres cuartos). La cantidad de agua adicional necesaria variará según la cantidad de líquido que absorban los granos durante la maceración. Deseche los granos usados.

9 Lleve el mosto a ebullición a fuego alto en la estufa. Esto llevará de 30 a 45 minutos. Esté atento a la pausa caliente y

tenga cuidado de que el mosto no hierva mientras esto sucede. Revuelva el mosto o baje el fuego según sea necesario.

10 Configure un temporizador para 60 minutos y agregue las 2 cucharadas de lúpulo Cluster para amargar. Cuando queden 20 minutos, agregue 1 cucharada de lúpulo Cluster para condimentar y el musgo irlandés. Cuando quede 1 minuto, agregue 1 cucharada de lúpulo Saaz para darle aroma.

11 Prepare un baño de hielo en su fregadero. Enfríe el mosto a alrededor de 85 ° F, cambiando el agua en el fregadero según sea necesario.

12 Desinfecte su cubeta y tapa de fermentación, la esclusa de aire, una cuchara de mango largo, un colador, un embudo y un hidrómetro. Coloca el colador sobre el balde de fermentación de 2 galones. Si lo desea, forre el colador con una toalla de saco Qour o varias capas de gasa (desinfectada sumergiéndola en la solución desinfectante). Cuele el mosto en el balde de fermentación. Asegúrese de tener al menos 1 galón de mosto. Agrega más agua si es necesario. Tome una lectura del hidrómetro para determinar la gravedad original (consulte el Manual de Brewer).

13 Vierta el iniciador de levadura en el mosto y revuelva vigorosamente para distribuir la levadura y airear el mosto. Encaje la tapa e inserte la esclusa de aire. Coloque el balde en algún lugar apartado, fuera de la luz solar directa y a temperatura ambiente moderada. Debería ver la fermentación activa como lo demuestran las burbujas en la esclusa de aire dentro de las 48 horas.

14 Deje que la cerveza fermente sin ser molestada durante al menos 3 días o hasta 7 días, hasta que la fermentación haya

disminuido y el sedimento creado durante la preparación haya tenido la oportunidad de asentarse. En este punto, la cerveza está lista para ser transferida del sedimento a una jarra más pequeña de 1 galón para la fermentación secundaria más larga.

15 Desinfecte una jarra de 1 galón, su tapón, el bastón de trasiego, su punta, la manguera del sifón y la abrazadera de la manguera. Sifone toda la cerveza en la jarra. Incline el balde hacia el final para extraer todo el líquido. Deténgase cuando vea que el líquido de la manguera se vuelve turbio con sedimentos. Selle la jarra con su tapón. Desinfecte la esclusa de aire e insértela en el tapón de la jarra. Déjelo reposar en un lugar fresco y oscuro durante 2 semanas.

16 Para embotellar la cerveza, desinfecte una olla, un hidrómetro, diez botellas de cerveza de 12 onzas o seis botellas de cerveza de 22 onzas, sus tapas, la manguera del sifón, el bastón de trasiego, su punta y el llenador de la botella. Sifone $\frac{1}{2}$ taza de cerveza al hidrómetro y úselo para determinar la gravedad Hnal. Bebe la cerveza o viértela nuevamente en la jarra una vez usada.

17 Vierta la solución de azúcar de maíz en la olla. Sifone la cerveza en la olla para mezclarla con la solución de azúcar de maíz, salpicando lo menos posible. Sifone la cerveza en botellas, tape y etiquete.

18 Deje que las botellas se asienten a temperatura ambiente, fuera de la luz solar directa, durante al menos 2 semanas para que se carbonicen por completo. Almacenar hasta por 1 año. Refrigere antes de servir.

6. Mocha Stout

M AKES 1 GALÓN

- 2 cucharadas de extracto seco de malta
- 1 taza de agua hirviendo
- 1½ cucharadas (½ tubo) de levadura de cerveza inglesa líquida
- 2 galones de agua
- 8 tazas / 2 libras de malta Maris Otter, molida
- 1 taza / 4 onzas de cebada tostada, molida
- 1 taza / 4 onzas de malta Caramunich, molida
- 1 taza / 4 onzas de copos de avena
- 1½ cucharadas / .5 onzas / 15 gramos de lúpulo Fuggle (amargo)
- ½ cucharada / .17 onzas / 5 gramos de lúpulo Palisade (aroma)
- ½ taza / 2 onzas de semillas de cacao, molidas en trozos grandes

- 2½ cucharadas / .75 onzas de azúcar de maíz disueltas en ½ taza de agua hirviendo, para embotellar

1 Prepare el iniciador de levadura de 6 a 12 horas antes de comenzar a preparar la cerveza. Desinfecte un frasco de conservas de 1 pinta y una cuchara. Revuelva el extracto de malta en el agua hirviendo hasta que se disuelva y enfríe a temperatura ambiente en el frasco. Agregue la levadura y cubra el frasco con un trozo de envoltura de plástico asegurado con una banda de goma. Agite bien el frasco y déjelo reposar hasta que lo necesite. El iniciador debe volverse espumoso después de unas horas y verá pequeñas burbujas estallar en la superficie del líquido.

2 En una olla grande a fuego alto, caliente 1 galón de agua a 160 ° F. Mientras hace esto, precaliente su horno a 150 ° F a 155 ° F para crear un ambiente agradable y cómodo para triturar los granos. Si no tiene un horno a este nivel bajo, o no tiene un termómetro para horno, simplemente caliente su horno durante unos 5 minutos en el nivel más bajo. Apaga el horno una vez que se haya calentado.

3 Retire la olla de agua del fuego, vierta todos los granos — la malta Maris Otter, la cebada tostada, la malta Caramunich y la avena cocida — en el agua y revuelva. Verifique la temperatura del puré con un termómetro de lectura instantánea. Revuelva hasta que alcance al menos 155 ° F.

4 Tapar la olla y meterla al horno. Configure un temporizador para 1 hora. Cada 15 minutos, saque la olla, revuelva los granos y verifique la temperatura. Mantenga una temperatura de maceración de 150 ° F a 155 ° F. Si la temperatura comienza a descender por debajo de los 150 ° F, coloque la olla en el quemador por solo uno o dos minutos para calentarla

nuevamente. Si está demasiado caliente, remueve el puré del fuego durante unos minutos para bajar la temperatura.

5 Después de 1 hora, los granos se trituran. Si tuvo problemas con las temperaturas altas o bajas, déle al puré otros 15 minutos en el horno para asegurarse de haber extraído todo el azúcar.

6 Coloque la olla en la estufa y caliente el puré a 170 ° F. Mantenlo a esta temperatura durante unos 10 minutos. Mientras hace esto, caliente el 1 galón de agua restante a alrededor de 170 ° F en una olla separada para usar en el siguiente paso.

7 Para rociar los granos, coloque un colador grande sobre otra olla grande, su balde de fermentación u otro recipiente lo suficientemente grande como para contener todo el líquido del paso de macerado, y colóquelo en el fregadero de su cocina. Vierta los granos triturados en el colador. El líquido, ahora llamado mosto, se acumulará en la olla debajo. Vierta lentamente la mitad del agua tibia sobre los granos, enjuagándolos uniformemente.

8 Limpiar la olla utilizada para hacer el puré y volver a colocar el colador con los granos usados en esta olla. Vierta el mosto a través de los granos nuevamente. Repita este paso de burbujeo dos veces más, terminando con el mosto nuevamente en su olla original. Agregue suficiente agua tibia adicional para hacer aproximadamente $1\frac{1}{2}$ galones de mosto total, midiendo según el tamaño de su olla (una olla de 2 galones estará llena en tres cuartos). La cantidad de agua adicional necesaria variará según la cantidad de líquido que absorban los granos durante la maceración. Deseche los granos usados.

9 Lleve el mosto a ebullición a fuego alto en la estufa. Esto llevará de 30 a 45 minutos. Esté atento a la pausa caliente y

tenga cuidado de que el mosto no hierva mientras esto sucede. Revuelva el mosto o baje el fuego según sea necesario.

10 Configure un temporizador para 60 minutos y agregue los lúpulos Fuggle para amargar. Cuando quede 1 minuto, agregue los lúpulos Palisade para el aroma y las semillas de cacao.

11 Prepare un baño de hielo en su fregadero. Enfríe el mosto a unos 85 ° F, cambiando el agua en el baño de hielo según sea necesario.

12 Desinfecte su cubeta y tapa de fermentación, la esclusa de aire, una cuchara de mango largo, un colador, un embudo y un hidrómetro. Coloca el colador sobre el balde de fermentación de 2 galones. Si lo desea, forre el colador con una toalla de saco Qour o varias capas de gasa (desinfectada sumergiéndola en la solución desinfectante). Cuele el mosto en el balde de fermentación. Asegúrese de tener alrededor de 1 galón de mosto. Agrega más agua si es necesario. Tome una lectura del hidrómetro para determinar la gravedad original (consulte el Manual de Brewer).

13 Vierta el iniciador de levadura en el mosto y revuelva vigorosamente para distribuir la levadura y airear el mosto. Encaje la tapa e inserte la esclusa de aire. Coloque el balde en algún lugar apartado, fuera de la luz solar directa y a temperatura ambiente moderada.

14 Debería ver la fermentación activa como lo demuestran las burbujas en la esclusa de aire dentro de las 48 horas. Deje que la cerveza fermente sin ser molestada durante al menos 3 días o hasta 7 días, hasta que la fermentación haya disminuido y el sedimento creado durante la preparación haya tenido la oportunidad de asentarse. En este punto, la cerveza está lista

para ser transferida del sedimento a una jarra más pequeña de 1 galón para la fermentación secundaria más larga.

15 Desinfecte una jarra de 1 galón, su tapón, el bastón de trasiego, su punta, la manguera del sifón y la abrazadera de la manguera. Sifone toda la cerveza en la jarra. Incline el balde hacia el final para extraer todo el líquido. Deténgase cuando vea que el líquido de la manguera se vuelve turbio con sedimentos. Selle la jarra con su tapón. Desinfecte la esclusa de aire e insértela en el tapón de la jarra. Déjelo reposar en un lugar fresco y oscuro durante otras 2 semanas.

16 Para embotellar la cerveza, desinfecte una olla, un hidrómetro, diez botellas de cerveza de 12 onzas o seis Botellas de cerveza de 22 onzas, sus tapas, la manguera del sifón, el bastón de trasiego, su punta y el llenador de la botella. Sifone $\frac{1}{2}$ taza de cerveza al hidrómetro y úselo para determinar la gravedad Hnal. Bebe la cerveza o viértela nuevamente en la jarra una vez usada.

17 Vierta la solución de azúcar de maíz en la olla. Sifone la cerveza en la olla para mezclarla con la solución de azúcar de maíz, salpicando lo menos posible. Sifone la cerveza en botellas, tape y etiquete.

18 Deje que las botellas se asienten a temperatura ambiente, fuera de la luz solar directa, durante al menos 2 semanas para que se carbonicen por completo. Almacenar hasta por 1 año. Refrigere antes de servir.

CERVEZAS DE TODO EL MUNDO

7. Alster o Alsterwasser

Ingredientes
- 1 taza de refresco de limón / lima (por ejemplo, Sprite, 7 Up o similar)
- 1 taza de cerveza lager pálida

Instrucciones
Agregue el refresco de lima-limón a un vaso de cerveza grande. Luego vierta la cerveza lager mientras inclina el vaso para evitar la acumulación de espuma.

8. American Juniper Wild Ale

Ingredientes
- 3,15 libras de extracto de nutria Maris (56%)
- 1.25 libras de extracto de malta de centeno (22%)
- 1 libra de extracto seco ligero (17,7%)
- 4 onzas de malta Special B (4.5%)
- 28 gramos de lúpulo Fuggles, añadido a los 60 minutos para que hierva
- 1 tableta Whirlfloc, agregada a los 10 minutos para ir (ayuda a aclarar la cerveza)
- 60 gramos de bayas de enebro, la mitad agregada con 5 minutos para el final, la mitad agregada al nocaut
- 58 gramos de agujas de pino picadas, agregadas al nocaut
- 1 cuarto de entrante de enebro

- 1 onza de virutas de roble, hervidas durante 1 minuto primero
- 6 cucharaditas de ácido láctico al 88% (opcional)

Instrucciones

♋① Deje reposar la malta Special B. Coloque la malta en una bolsa de grano o átela sin apretar con una gasa y cúbrala con 3 litros de agua. Lleve esto a 155 ° F a 165 ° F a fuego medio y manténgalo a esta temperatura durante 1 hora. Retire la bolsa y colóquela sobre la olla en un colador. Vierta 2 cuartos de galón de agua calentada a 170 ° F sobre él para enjuagar el grano. Deje que la bolsa se escurra durante 10 minutos y luego retírela. Deseche el grano o aliméntelo a los animales.

♌① Empiece a hervir. Agregue 2 galones más de agua a la olla y hierva. Agregue los lúpulos y programe el temporizador durante 1 hora.

♍① Con 30 minutos para el final, agregue todos los extractos y revuelva bien.

♎① Si lo está usando, agregue el Whirlfloc a ebullición junto con el enfriador de mosto, si tiene uno. Esto desinfectará el enfriador.

♏① Con 5 minutos para el final, agregue la mitad de las bayas de enebro.

♐① Knockear. Apague el fuego y agregue la adición final de bayas de enebro junto con las agujas de pino picadas.

♑① Enfríe el mosto. Use su enfriador de mosto para enfriar el mosto nuevamente a 75 ° F o más frío, dependiendo de qué tan tibia esté el agua del grifo. O coloque la olla en una hielera con mucha agua helada. Use una cuchara limpia para crear un remolino en el mosto, lo que ayudará a que se enfríe más rápido. Con suerte, verá trozos retorcidos en el mosto que parecen sopa de huevo, o separando el miso en la sopa:

eso es trub frío, y verlo significa que tendrá una cerveza más clara.

≋① Mueva el mosto al fermentador. Agregue el iniciador de levadura de enebro al fermentador; Yo uso una garrafa de vidrio. Vierta el contenido de la olla a través de un colador desinfectado en el fermentador. Si el colador se llena de grasa, retírelo antes de continuar. Coloque una esclusa de aire desinfectada en el fermentador y coloque la cerveza en un lugar donde pueda fermentar fría, idealmente de 66 ° F a 69 ° F. Déjelo ahí durante 2 semanas.

Ж① Agregue las virutas de roble hervidas a una garrafa nueva desinfectada y coloque la cerveza en ella. Hago esto solo si hay mucha suciedad en el fermentador. Si está bien, simplemente agrego las virutas de roble al fermentador principal. De cualquier manera, deja que la cerveza termine de fermentar durante 10 días más.

℮т① Embotella o embotella la cerveza. Si está embotellando, desea agregar suficiente azúcar de cebado al lote para obtener aproximadamente 2 volúmenes de CO_2, aproximadamente 1.8 onzas o 51 gramos por 3 galones. Agrega el ácido láctico al cubo de embotellado. Botella de acondicionamiento de la cerveza 2 semanas antes de abrir la primera botella. Esta cerveza envejece bien.

9. Biobier

Extracto de malta

- Uno de 40 oz. lata de cualquier sabor que desee (claro, oscuro, fuerte), o una lata "alta" de 1,5 kg del mismo. La lata de 1,5 kg contiene más extracto de malta, por lo que puede hacer un lote más grande o usar el mismo método aquí para hacer una cerveza más rica. También puede comprar extracto 'pre-lupulado', que le dará más sabor a lúpulo a su cerveza.

Levadura
- 1 cucharadita de levadura de cerveza. Nota: un poco de malta viene con pequeños paquetes de levadura incluidos.

Azúcar
- 6 a 7 tazas de azúcar blanca regular u 8 a 9 tazas de azúcar de maíz (de preferencia).

Cómo preparar
Desinfectar
♋① Se ha dicho que el 75% de la elaboración de cerveza es un buen saneamiento. Primero, limpie todo el equipo con agua tibia ligeramente jabonosa. Enjuague bien para eliminar los residuos de jabón.

♌① Luego, desinfecte con lejía de uso doméstico en una cantidad de 1 cucharada / galón de agua. O puede comprar un desinfectante ácido sin enjuague como StarSan, que es eficaz y no deja regusto.

Elaborar cerveza
♋① Vierta 10 litros de agua fresca y fría en el balde de plástico de 10 galones (garrafa). Si el balde es nuevo, lávelo primero con una mezcla de agua y bicarbonato de sodio para eliminar el olor a plástico.

♌① En su olla más grande, hierva siete litros de agua.

♍① Agrega una lata de extracto de malta. Revuelva y cocine sin tapar durante 20 minutos.

♎① Agrega el azúcar y revuelve para que se disuelva.

♏① Tan pronto como se disuelva el azúcar, vierta el contenido en la garrafa. Vierta, o 'salpique', el contenido rápidamente, lo que agrega aire a la mezcla. Cuanto más aire reciba la levadura inicialmente, mejor. Les permite crecer rápidamente y hacer que las cosas funcionen.

♐① Rellene con agua potable embotellada o agua del grifo hasta que la temperatura sea neutra. (Si usa agua del grifo, se recomienda hervir primero para matar las bacterias). Pruebe con un termómetro limpio y desinfectado. La garrafa estará ahora un poco más de la mitad de su capacidad.

♑① Espolvorea la levadura y revuelve bien. Cubra con una tapa. (Coloque la tapa sin apretar; si se tapa demasiado, un garrafón puede explotar por el gas de dióxido de carbono que se produce).

♒① Manténgase cubierto y evite aperturas innecesarias. La cerveza estará lista para embotellar en 6 a 10 días, dependiendo de la temperatura ambiente de la habitación y la cantidad de azúcar utilizada en la elaboración. La temperatura ambiente debe ser de 68 a 75 Fahrenheit (20-24 Celsius) como máximo; 61-68 Fahrenheit (16-20 Celsius) es mejor, pero la cerveza tardará uno o dos días más en fermentar.

♓①Pruebe la preparación con un hidrómetro. Coloque el hidrómetro en la cerveza y gírelo una vez para liberar burbujas, que pueden adherirse a él y dar una lectura falsa. La lectura de "listo para embotellar" debe ser aproximadamente 1,008 para cervezas oscuras y 1,010-1,015 para cervezas claras. Si no tiene un hidrómetro, puede juzgar la preparación probando una muestra: no debe tener un sabor dulce. Debe haber poca o ninguna acción de burbujeo en la cerveza.

Botella

a) Coloque la garrafa sobre una mesa resistente y las 12 botellas de dos litros en el suelo, con papel de periódico debajo para recoger las gotas o los desbordes. Usando un embudo, ponga dos cucharaditas de azúcar en cada botella.

b) Sifone la cerveza en las botellas, tratando de no alterar el sedimento en el fondo de la garrafa. (Un método consiste en pegar una pajita de plástico a lo largo del extremo inferior de la manguera del sifón con una proyección de 1 " más allá del extremo. La punta de la pajita puede tocar el fondo de la bombona sin que el sifón extraiga sedimentos). cerca del fondo.

c) Es importante no salpicar ni agitar demasiado la cerveza al embotellarla, ya que el oxígeno introducido puede provocar oxidación y un sabor a cartón.

d) Mientras llena las botellas, mantenga el extremo del tubo del sifón cerca del fondo de la botella para evitar la formación de espuma. Es fundamental que las botellas no estén completamente llenas: dejar un espacio aéreo. Enrosque bien las tapas. Invierta cada botella y agite para disolver el azúcar en el fondo. Coloque las botellas en un área cálida durante los primeros días, luego guárdelas en un lugar oscuro y fresco. Puede beber la cerveza a los pocos días de embotellada, pero mejorará con la edad.

10. Negro y tostado

Ingredientes
- 6 onzas de cerveza pale ale
- 6 onzas de cerveza negra Guinness

Pasos para hacerlo

Ingredientes de la receta negros y tostados

Llene un vaso de pinta hasta la mitad con la pale ale.

Pale ale medio llena en un vaso de pinta
Flota la Guinness encima vertiéndola lentamente sobre el dorso
de una cuchara para llenar el vaso. Servir y disfrutar.

11. Rubia van Vlaanderen

EQUIPO
- bolsa de cerveza
- Burbuja de aire
- bitoque

- olla hirviendo

INGREDIENTES

- 2 kg de malta Pilsner
- 200 g de malta cristalina
- 5 g de levadura de cerveza
- 25 g de lúpulo con alto contenido de alfa ácido
- 2,5 g de nutrientes de levadura
- 20 g de azúcar de imprimación

INSTRUCCIONES

Preparación 1. En caso de que no tenga un enfriador de mosto. Hervir 3 litros de agua y enfriar. Ponlo en tu congelador durante la noche para hacer hielo desinfectado. (mejor hacer 2-3 litros extra por si acaso)

Desinfecte todo lo que va a tocar el mosto de cerveza con una solución de yodóforo.

Proceso de elaboración: 1. Muela maltas Pale y maltas Crystal con un Molino de Mano. No queremos hacer harina o de lo contrario al macerarlos se volverán gelatinosos y difíciles de filtrar, solo queremos triturar un poco los granos para que mientras los machacamos, el agua pueda llegar a su núcleo. Si no tienes un molinillo puedes molerlos en una batidora batidora, dale unas breves vueltas con cuidado hasta que se rompan todos los granos.

Llena tu Mash tun con 5 litros de agua caliente. Triturar los granos entre 63 ° C y 65 ° C durante una hora. Rocíe con unos 8 litros de agua caliente ((70 ° C)). Lauter el mosto a la olla hirviendo.

Enciende tu estufa. Cuando el líquido (mosto) alcance el punto de ebullición, baje la llama y agregue 10 g de lúpulo a una bolsa de preparación.

A los 45 minutos. Mueva su enfriador de mosto limpio a la olla (¡Sí, póngalo directamente dentro). Agrega 5 g de lúpulo.

A los 55 minutos agregue 10 g de lúpulo.

A los 60 minutos apaga la estufa.

Deje correr agua por su enfriador de agua o agregue 3 litros de hielo previamente hecho al mosto y siga revolviendo hasta que se disuelva. Verifique la temperatura con un termómetro para alimentos. Una vez que descienda por debajo de los 22 grados Celsius, transfiéralo a su fermentador (agregue más hielo si es necesario). Deseche los lúpulos usados. Consulte aquí para obtener información sobre las temperaturas de preparación. Agregue 5 g de levadura de cerveza y 1 cucharadita de nutrientes de levadura. Coloque una esclusa de aire y un tapón / ojal, mueva el fermentador a un lugar fresco y oscuro y déjelo fermentar durante 10 días o hasta que la esclusa de aire deje de mostrar actividad y el agua parezca nivelada.

Espere dos días más para que la cerveza se asiente. Agregue media cucharada de azúcar en polvo a la cerveza terminada (no agregue más que eso o las botellas pueden estallar) Llene sus botellas para mascotas desinfectadas y cierre herméticamente o llene sus botellas de cerveza de vidrio desinfectadas y colóqueles coronas.

Deje la botella a temperatura ambiente durante 7 a 15 días para que se produzca la carbonatación natural dentro de la botella. Transfiera las botellas a un refrigerador.

Lo más importante: ¡comparte el amor! Elige unas vacaciones, llama a tus amigos, abre algunas botellas frías de tu propia cerveza rubia casera y cómete todos los elogios con una cara engreída.

12. Chicha

Ingredientes:

- 3 libras de harina de maíz molida gruesa
- 1 libra de pulpa de calabaza (cualquiera servirá, desde calabaza hasta calabaza de invierno)
- 1 libra de frutos de nopal
- 3 galones de agua
- levadura de cerveza

Método moderno: para aquellos de ustedes que no quieren sentarse durante horas masticando maíz (sabemos quién es), use la siguiente receta. Triture el maíz germinado en trozos grandes y vierta en la olla de cocción con 8 litros de agua fría. Siéntese y déjelo reposar una hora. Deje hervir, agregue el azúcar, luego baje el fuego y cocine a fuego lento durante tres horas (revolviendo regularmente). Agregue las especias que desee al final del hervor. En esta receta usamos clavo de olor, pero puedes usar cualquier cosa, desde canela hasta jengibre. Retirar y dejar reposar durante una hora. Luego, cuele el líquido en un fermentador usando un colador, una gasa o cualquier otro método que prefiera. Una vez que se enfríe a 21 ° C (70 ° F), coloque la levadura y fermente a temperatura ambiente (entre 60 y 75 ° F) durante cinco días. Transfiera a secundaria y fermente durante una o dos semanas hasta que se aclare. Embotelle usando 1 cucharadita de azúcar de maíz por botella para cebar. Finalmente, déjelo reposar dos semanas más después del embotellado antes de beber.

13. Ale de chocolate / Lager

ABV: 6,0-7,5%

IBU: 30

SRM: 38

OG: 1.075

Rendimiento: 5 galones

Ingredientes:

- 2,5 libras (1,1 kg) de malta Pilsner (1,6 ° L)
- 10 libras (4,5 kg) de malta Munich (8 ° L)
- 340 g (0,75 lb) de malta munch cristal oscura (80 ° L)
- 1 libra (454 g) de malta de melanoidina (33 ° L)
- 0.5 lb (227 g) de malta Carafa® (röstmalz) (470 ° L)
- 0,7 oz. (18 g) gránulos de Northern Brewer, 8% aa (60 min.)
- 0.5 oz. (14 g) gránulos de Northern Brewer, 8% aa (30 min.)
- 5 a 10 libras de cerezas ácidas previamente congeladas
- 0.5-1.0 lb. de semillas de cacao tostadas, trituradas ligeramente
- Levadura de cerveza europea (belga o lager también es posible)

Especificaciones:
Gravedad original: 1.075

ABV: 6,0–7,5%

IBU: 30

SRM: 38

Rendimiento: 75%

Direcciones:
Triture 1 hora a 152 ° F (67 ° C). Después de la fermentación primaria, coloque la parrilla en la secundaria y agregue las guindas congeladas y las semillas de cacao. Deje que la cerveza permanezca en las semillas de fruta y cacao durante al menos dos semanas; uno o dos meses es mejor. Colocar en una garrafa terciaria y dejar reposar antes de embotellar o embotellar.
Nota: los cálculos de lúpulo se basan en pellets. Figura un 25 por ciento más si usa lúpulos enteros.

14. Framboise

Rendimiento: 5,5 galones (21 L)

Ingredientes:
- 3.0 lb de extracto seco de trigo NW
- 3.0 lb de extracto seco ligero M&F
- 3.5 oz de maltodextrina
- 4.0 latas de puré de frambuesa de Oregon Fruit Products, cada una de 3.1 lb
- 3.5 oz de lúpulos enteros viejos (90 min)
- Escoria del viejo lote Lambic
- 1 vial de levadura Wyeast 1968 London ESB
- 1 vial Wyeast 3526 Brettanomyces lambicus
- 2.92 oz de azúcar de maíz para cebar

- 1 paquete de levadura seca Danstar Windsor Ale para imprimación

Especificaciones:
Gravedad final: 1.009

Direcciones:
Específicos del cervecero
Los lúpulos eran una mezcla de Mount Hood y Cascade cultivados en casa y envejecidos en el ático durante dos o tres años. Hervir durante 90 minutos. Después de hervir, deje enfriar durante la noche en un recipiente abierto. Bitch con heces del antiguo lote de 1996 de cerveza casera estilo Lambic y Wyeast 1968. Inserte una duela de roble que haya estado en otros lotes de lambic. El lote de 1996 se elaboró con la escoria de lambics comerciales y Yeast Labs Pediococcus y brettanomyces lambicus. Después de 16 meses, agregue tres latas de puré de frambuesa y Wyeast 3526. Veintidós meses después de la preparación, agregue la última lata de puré de frambuesa.

Fermentación primaria: 3 años en plástico.
Tiempo de acondicionamiento de botella: 1 año
Comentarios de los jueces Alta acidez acética. Un poco de dulzura frutal para equilibrar. La acidez fuerte perdura hasta el final. Como un vinagre bien añejado. Podría usar algo más de complejidad como Brett en sabor. Un poco de trigo. Frambuesa no presente. Podría usar más sabor / aroma de frutas para equilibrar la acidez. Una carbonatación adicional mejoraría la presentación. Una acidez intensa con un regusto a frambuesa, podría usar Brett para equilibrar la acidez y proporcionar el final refrescante y seco que se necesita. Un poco de roble podría ayudar.

15. Cerveza de jengibre

Ingredientes
- 2 1/2 tazas de agua tibia filtrada (no demasiado caliente o matará la levadura)
- 1 1/2 cucharaditas de levadura de champán
- 1 cucharada de jengibre recién rallado, más al gusto
- 1 cucharada de azúcar granulada, más al gusto
- 2 limones, en jugo
- 1 jalapeño, en rodajas (opcional)
- 1 frasco de vidrio grande
- 2 botellas de refresco limpias

Direcciones

Primero, haz una "planta" para tu cerveza de jengibre. Revuelva la levadura en el agua tibia hasta que se disuelva. Agregue 1 cucharada de jengibre recién rallado, 1 cucharada de azúcar, el jugo de limón, el jalapeño en rodajas y revuelva para combinar. El jalapeño le dará a tu cerveza de jengibre esa patada que puedes sentir en la parte posterior de la garganta; si no te mueves así, omítalo. Vierta en un frasco de vidrio, uno que sea lo suficientemente grande como para que el líquido entre cómodamente, con un poco de espacio adicional. Cubra con un paño de cocina limpio y seco y asegúrelo sobre el frasco con una goma elástica. Coloque el frasco en el lugar más cálido de su casa. Junto a su calentador, cerca del refrigerador o junto a un respiradero de calor.

Todos los días durante la próxima semana tendrás que "alimentar" tu cerveza de jengibre. En primer lugar, sienta la botella; debe estar ligeramente tibia. Si hace demasiado frío, la levadura entrará en hibernación y, si hace demasiado calor, podría matarla. Retire la toalla y agregue otra cucharada de jengibre rallado y otra cucharada de azúcar. Revuelva hasta que el azúcar se disuelva, luego vuelva a colocar la toalla y vuelva a colocar la planta en un lugar cálido. Haga esto todos los días durante una semana; considérelo el perro de su vecino que le prometió cuidar.

Después de aproximadamente una semana, deberías ver pequeñas burbujas flotando en la superficie de tu planta. Ciertamente puede mantener su planta en esta etapa por más tiempo; cuanto más lo alimente, más concentrado se volverá el sabor del jengibre. ¡Puedes ajustar los sabores más tarde!

Ahora es el momento de embotellar. Piense en cuántas botellas de cerveza de jengibre querrá hacer. Asegúrese de usar botellas de plástico para refrescos, las botellas de vidrio podrían explotar debido a la carbonatación, lo que no sería bonito. Calcula la cantidad de agua que necesitarás para llenar estas botellas a 3/4 de su capacidad, luego hiérvelas para purificarlas. Disuelva suficiente azúcar en el agua para que tenga un sabor muy dulce, tan dulce como un refresco. También puede ajustar esto más tarde.

Con una gasa, cuele la planta en una taza medidora grande o en un tazón. Usando un embudo, agregue aproximadamente una taza del líquido vegetal a cada botella de refresco limpia y seca, más si lo desea más fuerte, menos si lo desea menos intenso.

Agregue agua dulce a las botellas hasta que estén llenas hasta 3/4 de su capacidad, luego revuelva con un palillo para combinar. puede sumergir el dedo y probar aquí para ver si la mezcla necesita más jengibre. Si es así, agregue más líquido vegetal. No se preocupe si parece demasiado dulce: la levadura se comerá el azúcar y la convertirá en alcohol, por lo que la mayor parte desaparecerá. Puede volver a agregarlo más tarde.

Selle las botellas herméticamente con sus tapas y colóquelas nuevamente en el lugar cálido donde tenía su planta. Apriete las botellas una vez al día para probar cómo se carbonatan. Después de unos días deberían ser difíciles de comprimir; cuando sea imposible comprimirlos en absoluto, comience a desenroscar lentamente la tapa hasta que la carbonatación comience a liberarse; ¡no la abra del todo! Haga esto siempre que no pueda comprimir la botella en absoluto.

Después de una semana y media a dos semanas, la levadura debería haber consumido la mayor parte del azúcar de la botella. ¡Esto significa que su cerveza de jengibre está lista para abrirse y probar! Si tiene varias botellas, abra una y pruebe. Agregue más azúcar o jugo de limón si cree que su cerveza de jengibre lo necesita. Sirva helado con cítricos y un ron flotante si se siente peligroso. Asegúrese de consumir toda la botella dentro de las 24 horas posteriores a la apertura; no dude en solicitar a un amigo aquí. Es imposible medir el contenido de alcohol de su cerveza de jengibre, pero debería ser un poco menos que una cerveza light. ¡Disfrutar!

16. Cerveza sin gluten

Ingredientes
- Grain Bill: 2,7 kg de malta de mijo pálido; 150 g de malta de mijo cristal; 150 g de malta de mijo de Munich Triturada (molida) hasta obtener una harina
- Lúpulo: 12 g Northdown 60 min; 12 g de Goldings 60 min; 12 g Northdown 10 min; 12 g de Goldings 10 min
- Levadura: Fermentis S-04
- Agua: 30 lt Pretratada el día anterior
- Calcio: 3 cucharaditas de yeso (CaSO4)
- Eliminación de cloro: 1/8 cucharadita de metabisulfito de sodio para la eliminación de cloramina

Tamaño del lote: 17,0 litros
Color: 6 SRM
Amargura: 1 IBU
Eficiencia: 95%
Gravedad original: 1.042
Gravedad final: 1.008
ABV: 4,4%

Instrucciones

♋︎☽ El choque
♌︎☽ El régimen de mash
♍︎☽ Alabando

17. Gratzer Bier

Ingredientes para 5 galones:
- 8.0 libras | Weizenrauchmalz *
- 1,5 oz | Lúpulo Lublin, 3,7% aa (60 min)
- 0.5 oz | Lúpulo Lublin, 3,7% aa (30 min)
- Levadura Ale Neutra

Especificaciones:
Gravedad original: 1.041
Fuerza: 4% ABV
Amargura: 20 IBU
Color: 2 SRM

Direcciones:
Lleve a cabo el siguiente programa de maceración *: 30 minutos a 100 ° F; 30 minutos a 125 ° F; 30 minutos a 158 ° F; y mashout. Lleve a cabo un hervor de 90 a 120 minutos, siguiendo el

programa de lúpulo como se indicó anteriormente. Una vez listo, carbonato a 3.0-3.5 volúmenes de CO_2

18. Lieja Saison

Rendimiento: 5 galones (18,93 L)

Ingredientes:
Fermentables
- 3 kg (6,6 lb) de malta Pilsner
- 0,5 kg (1,1 lb) de malta Vienna
- 0,5 kg (1,1 lb) de malta de trigo
- 0.5 kg (1.1 lb) de azúcar de mesa blanca, agregada al apagar la llama

Lúpulo
- 1.0 oz. (28 g) Aramis * granulado de lúpulo, 7% aa (60 min.)
- 1.0 oz. (28 g) Barbe Rouge ** gránulos de lúpulo, 8.5% aa (dejar reposar durante 15 minutos después del apagado)
- * Sustituciones sugeridas de lúpulo Aramis: Willamette, Challenger

- ** Sustituciones sugeridas de lúpulo Barbe Rouge: Amarillo, Citra, Centennial
- Levadura
- Levadura de salsa belga con suficiente iniciador de levadura (200 mil millones de células)
- Misc.
- 0,75 cucharaditas (3 g) de musgo irlandés añadido 15 minutos antes del final del hervor (opcional)

Especificaciones:
Gravedad original: 1.049 (12.2 * P)
Gravedad final: 1.007 (1.8 * P)
ABV: 5,60%

Direcciones:
♋︎ Triture los granos a 153 ° F (67 ° C) durante 60 minutos.
♌︎ Triture a 76 ° C (168 ° F), con un volumen de mosto antes de hervir de 7 gal. (26,5 L).
♍︎ Deje hervir durante 60 minutos, agregando lúpulo a intervalos específicos desde el final del hervor.
♎︎ Enfríe el mosto a 62 ° F (17 ° C) y coloque la levadura.
♏︎ Fermentar en primario a 62 ° F (17 ° C) hasta que la fermentación disminuya significativamente (7-9 días).
♐︎ Colóquelo en el fermentador secundario y deje reposar durante 10 a 14 días a 18 ° C (65 ° F).

♑︎ Barril a 2,5 volúmenes (5 g / L) de CO_2o condición de botella

con 4 oz. (113 g) de azúcar de maíz.

19. Malzbier

Ingredientes
- 7 lb de almíbar ligero sin lúpulo
- 2 libras de malta Cara-pils
- 2 libras de malta cristalina clara
- 1 libra de malta cristal extra rica
- 1/2 onza de Hallertauer (5,0% alfa)
- 1 onza de Willamette (4.5 alfa)

- 1 cucharadita de sal
- 1 cucharadita de ácido cítrico
- 1 cucharadita de nutrientes de levadura
- 1 cucharada. Levadura Irish Moss Edme Ale

Direcciones

Triture las carapilas y la malta cristal durante 2 horas en agua a 140 grados. Rocíe para hacer 4 galones. Agregue el almíbar y el lúpulo Hallertauer. Hervir 60 min, agregando musgo irlandés en los últimos 30 min. Decante a primario, agregando suficiente agua para hacer 5 galones. Agregue sal, ácido cítrico, nutrientes de levadura y lúpulo seco con lúpulos Willamette. Hace aproximadamente un año fui a una fiesta en la que el anfitrión bebió unos 20 tipos diferentes de buena cerveza. ¡Uno era un bier alemán malz que estaba delicioso! Tiene un maravilloso sabor dulce, maltoso y con cuerpo. Partiendo del supuesto de que su cuerpo se logra con dextrina y malta cristal, cociné esta receta. La intención es que quede toda o posiblemente la mayor parte de la dextrina y la maltosa caramelizada después de la fermentación para darle sabor y cuerpo a la malta.

20. Ale de calabaza navideña

Rendimiento: 6 galones estadounidenses (22,7 L)

Ingredientes:
MALTAS
- 8,0 lb (3,6 kg) de malta Maris Otter
- 4,0 lb (1,8 kg) de malta Munich
- 2,0 lb (907 g) de malta aromática
- 284 g (10 oz) de malta CaraMunich
- FERMENTABLES

- 227 g (8 oz) de azúcar morena
- 5 lb (2,3 kg) de calabaza preparada según las instrucciones, hierva durante 90 minutos
- 1.25 oz (35 g) Fuggle 4.6% de lúpulo alfa en gránulos, 45 min
- 3.0 cucharaditas de canela, 5 min
- 1,9 cucharaditas de nuez moscada, fresca, 5 min
- 1.0 cucharada de raíz de jengibre, 5 min
- 4.0 cucharaditas de vainilla, fermentador secundario
- 100 g de azúcar de imprimación

LEVADURA
- White Labs 002 Levadura de cerveza inglesa

Especificaciones:
- Gravedad original: 1.071
- Gravedad final: 1.015
- ABV: 7,40%
- IBU: 19
- SRM: 12

Direcciones:
Utilice un puré de infusión de un solo paso. Agregue 18 litros (19 cuartos de galón) de agua a 76 ° C (168 ° F) al grano triturado para establecer una temperatura de macerado de 68 ° C (155 ° F). Mantenga durante 60 minutos. Recoge 28,4 L (7,5 galones) de mosto. Agregue la calabaza y deje hervir. Agregue azúcar morena y lúpulo a los 60 y 45 minutos, respectivamente. Agregue las especias con cinco minutos restantes y deje reposar durante otros cinco minutos. Fermentar durante una semana. Rack a fermentador secundario. Pruebe, agregue vainilla y especias adicionales si es necesario. Permita dos semanas en la secundaria. Imprima con azúcar, botella o barril.

21. Receta Umqombothi

INGREDIENTES

- 2 kg de harina de maíz
- 2 kg de sorgo
- 6 litros de agua

MÉTODO

Combine el sorgo de harina de maíz con seis litros de agua hirviendo y mezcle hasta obtener una pasta suave. Deje fermentar durante dos días, en un lugar cálido y oscuro.

Después del segundo día, saque dos tazas de la mezcla fermentada y reserve. Mezclar el resto de la pasta con dos litros de agua hirviendo en una olla y colocar al fuego. Cocine a fuego lento, revolviendo con frecuencia, durante aproximadamente una hora y luego déjelo enfriar.

Luego coloque esta mezcla nuevamente en su balde, agregue las dos tazas de pasta fermentada y revuelva, finalmente agregue otro kg de sorgo a la mezcla.

Al día siguiente, la mezcla debe estar burbujeando bien, lo que significa que su cerveza está lista. Colar por un colador, enfriar y disfrutar.

22. No Fail Stout (sin gluten)

Rendimiento: 6 galones (22,7 L)

Ingredientes:
MALTAS Y AZÚCARES
- 7 lb (3,28 kg) de malta de mijo pálido
- 2,27 kg (5 lb) de malta de trigo sarraceno pálido
- 2 lb (907 g) de malta de arroz bizcocho
- 8 oz. (227 g) de mijo asado con chocolate
- 8 oz. (227 g) de malta de arroz oscuro
- 4 onzas. (113 g) de malta de arroz Gashog
- 1 libra (454 g) de jarabe de candi belga D-180 (agregar a la secundaria)

LÚPULO
- 0.5 oz. (14 g) CTZ, 14% aa @ 90 min

- 0.5 oz. (14 g) Willamette, 5,5% aa @ 10 min

LEVADURA
- Fermentis Safale S-04 Ale inglesa

ARTÍCULOS ADICIONALES
- 1 cucharadita (5 ml) de enzima amilasa añadida al puré
- 0,25 cucharaditas (2 g) musgo irlandés a 10 min
- 1 cucharadita (5 ml) de nutrientes de levadura a 10 min
- 3,75 oz. (106 g) azúcar de maíz si se embotella

Especificaciones:
- Gravedad original: 1.070 (17 P)
- Gravedad final: 1.014 (3.6 P)
- ABV: 7,40%
- IBU: 30
- SRM: 30

Direcciones:

Triture los granos con la enzima amilasa suplementaria durante 60 minutos a 155 ° F (68 ° C). Hervir 60 minutos, agregando lúpulo, musgo irlandés y levadura nutritiva en los tiempos indicados. Enfriar el mosto a 67 ° F (19 ° C), lanzar la levadura y fermentar durante 4 días. Transfiera a la secundaria y agregue el jarabe de candi belga. Deje que la cerveza alcance la densidad final antes de embotellarla o embotellarla.

23. Cerveza de melaza

Ingredientes para lote de extracto de 5 galones:

Azúcares
- 5 galones de agua fresca de manantial, filtrada o de glaciar / nieve derretida
- 5 1/2 libras extracto de malta oscura
- 4 1/2 libras melaza

Maltas aromatizantes
- $\frac{1}{4}$ de libra de malta Crystal 120 L
- 1/2 libra de malta de chocolate
- 1/2 libra de malta Cara Munich
- $\frac{1}{4}$ de libra de cebada tostada

Lúpulo
- 1 onza. Pellets de lúpulo Hallertaur de Nueva Zelanda - (amargo)

- 1/2 oz. Pellets de lúpulo New Zealand Pacific Gem - (aromatizante)
- ¼ de oz. Lúpulo seco de hojas sueltas (aroma)

Levadura
- Levadura Nottingham Ale u otra levadura ale básica
- Instrucciones para la elaboración de la cerveza:

Primero, permita que sus maltas aromatizantes se remojen en 3 galones de agua de manantial calentada durante 20 minutos. No hierva estos granos, ya que esto puede destruir algunos de los procesos de maceración más sutiles. Es mejor no exceder los 180 grados Fahrenheit.

A continuación, cuele las maltas aromatizantes o saque la bolsa de granos, agregue el resto del agua al hervidor y hierva todo el líquido.

Ahora, apague el quemador y agregue su extracto de malta y melaza, revolviendo bien el mosto para asegurarse de que los azúcares no se quemen en el fondo de la tetera. Una vez que los azúcares se hayan disuelto completamente, lleve el mosto a ebullición y agregue los lúpulos amargos y hierva el mosto durante 30 minutos, revolviendo regularmente. Luego agregue los lúpulos aromatizantes durante 15 minutos más, y luego agregue los lúpulos aromáticos y hierva durante cinco minutos más y luego apague el quemador y enfríe el mosto a temperatura ambiente o 75 grados, lo que esté más caliente

Ahora puede transferir el mosto a su recipiente de fermentación limpio y desinfectado, preparar la levadura y revolver el mosto con vigor. Ahora plante la levadura en la cerveza y guárdela en una habitación fresca y oscura durante una semana, teniendo cuidado de revisar la esclusa todos los días para asegurarse de que la espuma no haya salido a través de la esclusa. Si está utilizando un conjunto de soplado, no tendrá que preocuparse por las esclusas de aire.

Después de esta primera semana es un buen momento para transferir su cerveza a un recipiente de fermentación secundario durante las próximas dos semanas, y recomendamos un recipiente de fermentación terciario después de la tercera semana. Dos semanas más, y la cerveza puede estar lista para embotellar o fermentar. Siempre verifique que la cerveza se haya aclarado algo o se haya estabilizado antes de embotellar o embotellar.

24. Porter de enebro orgánico

Ingredientes:

- 2 kg (4,4 lb) de extracto orgánico de malta pálida
- 0,9 kg (2 lb) de malta orgánica pálida de dos hileras Hugh Baird
- 1 libra (0,45 kg) de malta orgánica Briess Munich
- 340 g (0,75 lb) de malta de caramelo orgánico Briess 60 ° L
- 340 g (0,75 lb) de malta de chocolate orgánica Briess
- 0.5 oz. (14 g) de lúpulo orgánico New Zealand Pacific Gem, 31 IBU (60 min.)
- 0,25 oz. (7 g) lúpulo orgánico Hallertauer de Nueva Zelanda, 7 IBU (60 min.)
- 0,75 oz. (21 g) Lúpulos orgánicos Hallertauer de Nueva Zelanda (0 min.)
- 1.0 oz. (28 g) bayas de enebro orgánicas
- Levadura líquida White Labs English Ale
- 1 taza (237 ml) de extracto de malta orgánico
- 0,25 cucharaditas (1 g) musgo irlandés
- 2 cucharaditas (10 ml) de yeso

Especificaciones:

- Gravedad original: 1.059
- Gravedad final: 1.015
- ABV: 5,70%
- IBU: 38
- Tiempo de ebullición: 60 minutos.

Direcciones:

Triture todos los granos a 152 ° F (67 ° C) en 1,75 galones (6,6 L) de agua. Rocíe con 4,7 L (1,25 galones) de agua. Agregue el extracto al mosto recolectado, complete con suficiente agua para hacer 5.5 galones (20.8 L) de líquido y deje hervir. Agregue 0.5 oz. (14 g) NZ pacific Gem y 0,75 oz. (21 g) NZ Hallertauer y hervir durante 60 minutos. Agregue 0.75 oz. (21 g) NZ Hallertauer, musgo irlandés y bayas de enebro. Apaga el fuego. Descansa 10 minutos y bebe una cerveza casera. Enfríe el mosto a 70 ° F (21 ° C) y transfiéralo al primario. Pone la levadura y fermente durante una semana a una temperatura de 18 a 21 ° C (65 a 70 ° F). Transfiera a la secundaria y fermente durante una o dos semanas más. Embotella la cerveza y acondiciona en la botella durante una a tres semanas. Esta cerveza mejora hasta por un año. Los sabores de cedro de las bayas de enebro se suavizan ligeramente pero se vuelven más complejos.

25. Brasserie Grain d'Orge

Ingredientes:

- 4,1 kg (9 libras) de malta francesa Gatinais F de 6 hileras o malta Pilsener de Bélgica
- 0,5 lb (0,23 kg) de vienne aromático francés (3,5 Lovibond) o malta de Viena
- 0,25 lb (114 g) de malta French Caramel (20 Lovibond) o malta Crystal (20 Lovibond)
- 0,25 lb (114 g) de malta de caramelo francés (30 Lovibond) o malta Crystal (30 Lovibond)
- 4,75 libras (2,2 kg) de maíz en copos
- 1 libra (0,45 kg) de sacarosa
- 2 HBU (56 MBU) de lúpulo de pellet alemán Hallertauer, 105 minutos (amargo)
- 2 HBU (56 MBU) de lúpulo de pellets de oro de los cerveceros franceses o europeos, 105 minutos (amargo)
- 2 HBU (56 MBU) de lúpulo de pellets de oro de los cerveceros franceses o europeos, 30 minutos (sabor)
- 1.5 HBU (43 MBU) de lúpulo de pellets de Styrian Goldings esloveno, 10 minutos (aroma)
- 0,25 cucharaditas de musgo irlandés
- 0.75 taza de azúcar de maíz para cebar en botellas. Use 1/3 de taza de azúcar de maíz si prepara un barril.
- Levadura Wyeast 1728 Scottish Ale u otra levadura que produzca un perfil de malta con baja producción de ésteres y apta para fermentación de alta gravedad.

Especificaciones:
- Gravedad original: 1.087
- Gravedad final: 1.026
- ABV: 8%
- IBU: 20
- SRM: 8 (16 EBC)
- Tiempo de ebullición: 105 minutos.

Direcciones:

♋◌ Se emplea una mezcla de infusión escalonada para triturar los granos.

♌◌ Agregue 15 cuartos de galón (14 L) de agua a 130 ° F (54.5 ° C) al grano triturado, revuelva, estabilice y mantenga la temperatura a 122 ° F (50 ° C) durante 30 minutos.

♍◌ Agregue 7.5 cuartos de galón (7 L) de agua hirviendo, agregue calor para llevar la temperatura a 155 ° F (68 ° C) y manténgalo durante unos 60 minutos.

♎◌ Después de la conversión, eleve la temperatura a 167 ° F (75 ° C), filtre y rocíe con 4 galones (15 L) de agua a 170 ° F (77 ° C).

♏◌ Recolecte alrededor de 7 galones (23 L) de escorrentía, agregue sacarosa y lúpulos amargos, y déjelo hervir vigorosamente.

♐◌ El tiempo total de ebullición será de 105 minutos.

♑◌ Cuando queden 30 minutos, agregue los lúpulos de sabor. Cuando queden 10 minutos, agregue los lúpulos aromáticos y el musgo irlandés. Después de un hervor total del mosto de 105 minutos (reduciendo el volumen del mosto a poco más de 5 galones), apague el fuego, luego separe o cuele y burbujee los lúpulos.

♒◌ Enfríe el mosto a 70 ° F (21 ° C) y diríjalo a un fermentador desinfectado. Airee bien el mosto enfriado.

♓◌ Agregue un cultivo de levadura activa y fermente durante 4 a 6 días en la primaria. Luego, transfiéralo a un fermentador secundario, enfríe a 60 ° F (15.5 ° C) si es posible y déjelo envejecer durante cuatro semanas o más.

♈◌ Cuando se complete la crianza secundaria, cebar con azúcar, botella o barril. Deje acondicionar a temperaturas superiores a 60 ° F (15,5 ° C) hasta que esté transparente y carbonatado. Utilice corchos y alambre en el cierre para obtener un carácter de "corcho" mohoso y terroso.

26. Cerveza de patata

Ingredientes:
- 1,5 kg (3,25 lb) Pils pálidos de dos hileras o malta ale (2-4 ° L)
- 2,5 libras (1,13 kg) de malta de Munich (aproximadamente 10 ° L)
- 3 kg (6,5 lb) de papas crudas peladas a temperatura ambiente
- 1,33 oz (37 g) de lúpulo amargo de 5% AA (Tettnanger, Fuggles, East Kent Goldings o Galena)

- 0.5 oz (14 g) de lúpulos aromáticos (Tettnanger, Fuggles, East Kent Goldings o Willamette)
- 1 cucharadita (5 ml) de musgo irlandés
- 1 paquete Wyeast 1028 London, White Labs WLP005 British, Wyeast 1007 German Ale, White Labs WLP036 Alt, Wyeast 2042 Danish o WLP830 German Lager
- 1 taza (237 ml) de DME o azúcar de maíz (para embotellar)

Especificaciones:
- Gravedad original: 1.048
- Gravedad final: ~ 1.010 (dependerá de la levadura)
- ABV: 5%
- Tiempo de ebullición: 60 minutos.

Direcciones:
Usando una licuadora o una licuadora, macere las papas crudas peladas. Luego, haga un puré de grano rápido y grueso a una temperatura de aproximadamente 156 ° F (69 ° C).
Use la menor cantidad de agua posible, pero evite grumos y manchas secas. Luego vierta el puré de papa en el lecho de granos y mezcle el grano y las papas de manera uniforme para una exposición máxima de ambos a todos los almidones del puré. Finalmente, cubra el lecho de granos / papas con aproximadamente una pulgada de agua a aproximadamente 172 ° F (78 ° C).
Toda la conversión del almidón debe completarse en unos 20 minutos después de mezclar el grano con la papilla de papa. En este punto, puede comenzar a recircular el mosto durante 15-20 minutos.
Rocíe el mosto en una tetera y deje de burbujear cuando la gravedad de la tetera sea de aproximadamente 1.044.
Permitiendo un 10% de evaporación, esta gravedad previa a la ebullición debería hacer que su infusión alcance el OG objetivo de 1.048.

Agregue los lúpulos amargos durante 15 minutos hasta que hiervan. Agregue los lúpulos aromáticos 10 minutos antes del final del hervor.

Siga el programa de fermentación anterior. Imprimar en botellas.

Primaria: 5 días

Secundaria: 14 días

Botella Prime: 7-10 días

27. Pale Ale de quinoa

Ingredientes:

- 6 libras de quinua malteada, tostada (puré / rociada)
- 2 libras de quinua malteada (puré / sparge)
- 0.25 lbs de sólidos de jarabe de arroz (puré / burbujeo)

- 2 oz de lúpulo en racimo (60 min)
- 3 libras de miel de clavo (60 min)
- 4 oz de maltodextrina (60 min)
- 1.5 oz de lúpulo esterlina (30 min)
- 1 oz de lúpulo esterlina (15 min)
- 1 cucharadita de musgo irlandés (15 min)
- 1 paquete de levadura ale

Instrucciones adicionales
- Fermento primario: 14 días a 68 grados

Perfil de cerveza
- Alcohol por Vol: 0.0%
- SRM de color: 0.0
- IBU Amargura: 0.0
- Tipo de receta: todo grano
- Rendimiento: 5,0 galones

Procedimiento:

Triturar la quinua con 3.5 galones de agua con un golpe de 150F, agregar enzimas amalyse y dejarla durante 1 hora. Aumentó la temperatura con 1 galón de agua con una temperatura de ataque de 180F y déjela por otra hora.

Logra un descanso en caliente.

Agregue el lúpulo, los clarificados y los azúcares fermentables restantes según lo programado.

Enfríe el mosto hasta que alcance la temperatura adecuada para agregar la levadura.

28. Radlermass

INGREDIENTES

- 1 taza de cerveza (o la cantidad que desee)
- 1 taza de bebida carbonatada de lima-limón (yo uso 7-up, pero Sprite, o incluso la lima-limón genérica funcionan)
- hielo
- 1 rodaja de limón (decorar) (opcional)

DIRECCIONES
Tome partes iguales de cerveza y refresco de lima-limón sobre un poco de hielo para mantenerlo frío; tenga cuidado de que se

forme mucha espuma, así que tómatelo con calma. A medida que la prueba, puede cambiar la cantidad de cerveza o refresco; si realmente le gusta la cerveza, la combinación puede ser 3/4 de cerveza por 1/4 de refresco (o viceversa si no le gusta tanto la cerveza pero quiere una sabor). En Alemania, al menos donde viví en el área de Baviera en el sur, esto es muy popular entre los jóvenes. ¡Vale la pena intentarlo! :).

29. Beneficio

INGREDIENTES

- 1,7 kg de arroz pulido

- 1 paquete de Koji de 20 g de arroz inoculado o 5 g de esporas
- 3-4 litros de agua agua blanda

INSTRUCCIONES

Paso 1: Inocular aproximadamente una cuarta parte del arroz con koji. Esto ayuda a crear suficientes enzimas y un cultivo iniciador fuerte para descomponer el almidón. Algunas tiendas también tienen arroz con sake y bolas de arroz, que están pre-inoculadas. Si no puede encontrarlos, entonces uno tiene que crear una cama de arroz al vapor, espolvorear el cultivo de koji y mantenerlo en una habitación cálida y húmeda durante 24-40 horas.

Paso 2: Use arroz al vapor (no arroz hervido). El objetivo es gelatinizar el arroz pero mantenerlo lo suficientemente firme para que las enzimas actúen sobre él. Hervir el arroz ablandará demasiado y la conversión del almidón no será eficiente.

Paso 3: Enfríe el arroz cocido al vapor restante a 25oC antes de mezclarlo con arroz koji. A menudo, el núcleo del arroz está más caliente, por lo que se recomienda un poco de paciencia. Agregue un poco de agua RO para sumergir los granos. Deben evitarse las aguas cloradas y duras.

fermentación de vino de sake de arroz blanco lechoso

Paso 4: Revuelva el puré cada 12 horas con una cuchara de acero desinfectada. Además, controle la temperatura y no permita que se dispare por encima de los 20oC.

Paso 5: Después de un par de días, podemos escurrir el caldo, filtrarlo y beberlo. Agregar más arroz al vapor nos permitirá propagar aún más el cultivo.

vino de sake de arroz claro después de filtrar

Opcional. Puede secar el sedimento. Tiene suficiente levadura y koji para ayudarte a preparar un segundo lote.

30. Cerveza con gaseosa

Ingredientes
- tu cerveza / lager favorita
- su refresco de lima-limón favorito (recomiendo usar uno con azúcar, sin jarabe de maíz ni edulcorantes), refrigerado

Instrucciones

- Vierta la mitad de cada bebida lentamente en uno o dos vasos de cerveza altos (según el tamaño).
- Disfrutar.

31. Cerveza de sorgo

Ingredientes:

- 1 kilogramo. (2.2 lbs.) Sorgo

- 7 g (1/4 onza) de levadura para hornear

Direcciones:

Remoje el sorgo en agua para que comience a germinar. Seque los granos parcialmente germinados. Triturar el sorgo y hervir en agua durante unos 15 minutos. Escurrir y poner en un recipiente grande. Agrega 4 litros de agua caliente y deja reposar durante 1 hora.

Transfiera la porción líquida del puré a un recipiente grande y agregue 8 litros de agua caliente. Deje que la mezcla se enfríe de forma natural hasta que alcance la temperatura ambiente.

Agregue la levadura y una taza de malta de sorgo triturada adicional (de granos germinados). Revuelva vigorosamente.

Fermentar durante 2 días a temperatura ambiente y luego colar la cerveza en recipientes de almacenamiento. Sirva a los clientes sedientos.

32. Cerveza agria

Hace:
5 galones

Ingredientes
- 2 tazas de extracto de malta seco ligero Briess
- 2.5 libras de malta de 2 hileras

- 2,5 libras de malta de trigo blanco
- 1 litro de agua del grifo
- 2 cucharadas de yogur con cultivos vivos y activos (se recomienda Fage) o suplemento probiótico líquido (se recomienda Good Belly Big Shot)
- 1 onza de hierbas frescas, como romero, hierba de limón y / o hierba de limón
- 1 botella de 375 mililitros de cerveza salvaje sin pasteurizar (se recomienda Cuvee Renee de Lindeman por precio y disponibilidad; consulte esta lista de cervezas con heces viables de Mad Fermentationist.
- 1 paquete de Brettanomyces Bruxellensis (White Labs 650 o Wyeast 5112)
- Envase pequeño de desinfectante Starsan
- 2 galones de agua purificada

Direcciones

En una cacerola mediana, ponga a hervir 1 litro de agua a fuego alto para hacer mosto de arranque o cerveza sin fermentar. Retire del fuego y agregue 2 tazas de extracto de malta seco hasta que se disuelva por completo. Vuelva a hervir durante 10 minutos, luego enfríe a 120 ° F cubriendo la sartén con la tapa y dejando correr agua fría del grifo sobre ella. Una vez enfriado, coloque 2 cucharadas de yogur griego en un frasco de vidrio desinfectado de 64 onzas o en una jarra de vidrio, luego vierta el mosto enfriado encima. Cubra la parte superior del recipiente sin apretar con papel de aluminio, luego aísle con una manta o una funda de neopreno. Mantenga lo más cerca posible de 110 ° durante 60 a 72 horas.

Caliente 1.5 galones de agua en una olla a aproximadamente 160 ° F, luego agregue todo el grano, revolviendo para evitar grumos. Cubra la olla con la tapa, retire del fuego y manténgala a temperatura durante 1 hora envolviendo la olla en una toalla gruesa. Este es tu "mash tun".

Mientras tanto, en una tetera separada, caliente otros 1.5 galones de agua a 170 °. Este es su "tanque de licor caliente", que proporciona un depósito de agua caliente para enjuagar los granos en un estado posterior. Cuando el tanque de licor caliente alcance la temperatura, lleve el puré a 175 ° a fuego medio, luego apague el fuego.

Coloque un colador grande de malla fina (de 12 "de diámetro tiene la capacidad suficiente para 5 libras de grano) sobre la parte superior de una tercera tetera de cocción de 5 galones. Vierta el contenido de la cuba de puré a través del colador de malla fina en el hervidor. Deje reposar hasta que el grano se haya escurrido por completo. Vierta los 1.5 galones de agua de su tanque de licor caliente sobre los granos en el colador, enjuagando cualquier azúcar adicional en la superficie de los granos. Cuando termine, pruebe los granos; toda dulzura debería desaparecer. Si nota algo de azúcar, caliente más agua a 170 ° y enjuague los granos hasta que tengan un sabor suave.

En este punto, debe tener aproximadamente 3 galones de mosto en el hervidor. Deje hervir a fuego alto, luego agregue las hierbas. Después de 15 minutos, huela a vapor para asegurarse de que no haya olor a maíz cocido (sulfuro de dimetilo o DMS). El objetivo es desinfectar el mosto y hervir el DMS sin perder mucho rendimiento. Si puede detectar el aroma de DMS en el vapor, siga hirviendo hasta que ya no sea evidente.

Cuando termine de hervir, apague el fuego y coloque el termómetro en el mosto. Vierta 2 galones de agua purificada refrigerada en el hervidor, aumentando el volumen a 5 galones y bajando la temperatura entre 120 y 130 ° F. Revuelva vigorosamente con una cuchara grande para enfriar más si la temperatura es un poco alta. Una vez que esté a temperatura, vierta todo el líquido y los sólidos del iniciador bacteriano del paso 1 directamente en el hervidor. Cubra bien con papel de aluminio o envoltura de plástico y aísle con una toalla de baño gruesa, manteniéndola a temperatura durante 24 horas para asegurar una formación suficiente de ácido. Debido a que la fermentación genera calor, el simple aislamiento es suficiente para permanecer por encima de los 100 ° durante la noche, temperatura de crecimiento ideal para las bacterias productoras de ácido láctico.

24 horas después, desinfecte su garrafa de fermentación diluyendo 1 cucharadita de desinfectante Starsan en un galón de agua dentro de la garrafa. Agite y haga rodar la garrafa de lado para asegurarse de que el líquido toque todas las superficies interiores y la abertura. Vierta cuando esté completo. Vierta 10 onzas de su cerveza agria sin pasteurizar comprada en la tienda (reserve para su merecido disfrute), reservando un poco más de 3 onzas (aproximadamente el cuarto inferior de la botella) de líquido y levadura y heces ricas en bacterias del fondo. Con un dispositivo de sifón automático, transfiera el mosto agrio a la garrafa, luego vierta el líquido restante y la escoria en la garrafa. Agregue una esclusa de aire y un tapón de goma en la parte superior, luego colóquelo en un lugar fresco entre 60 y 70 grados para favorecer la actividad de la levadura sobre el crecimiento y el amargor de bacterias.

Pruebe periódicamente, utilizando su pipeta reservada para cervezas ácidas, comenzando aproximadamente a las 2 semanas desde el día de preparación inicial. Cuando la cerveza esté ácida y ligeramente mantecosa (de diacetilo), agregue el brettanomyces, vertiendo el vial lleno en la garrafa.

Pruebe de nuevo con una pipeta aproximadamente una semana después de la adición de brettanomyces. Si el sabor a mantequilla se ha disipado y la cerveza tiene un sabor "brillante", use un hidrómetro desinfectado, un frasco de prueba y una pipeta para tomar una muestra. Si la gravedad específica es igual o inferior a 1.010, la cerveza está lista para ser transferida a un barril o botellas; si no, continúe fermentando hasta alcanzar este objetivo. No reemplace la cerveza probada en el garrafón.

Para carbonatar, caliente 1 taza de agua hasta que hierva, luego apague el fuego y agregue 4.5 onzas de dextrosa (azúcar de maíz) al agua caliente y revuelva hasta que se disuelva. Vierta en una bombona a través de un embudo desinfectado y deje reposar durante 10 minutos, luego use el sifón automático para transferir el líquido a las botellas y agregue tapas y sellarlas a medida que avanza. Esto debería producir aproximadamente 48 botellas de 12 onzas. Alternativamente, transfiera a un barril desinfectado y carbonato siguiendo las instrucciones de carbonatación del barril. Para una carbonatación natural, la cerveza debe estar lista en 2 a 3 semanas.

Equipamiento especial
3 hervidores de cerveza de 5 galones, garrafón de vidrio de 6.5 galones, colador grande de malla fina, equipo de caucho y plástico "amargo" designado por separado, que incluye un hidrómetro, una pipeta y un dispositivo de sifón automático, para el manejo de microbios silvestres.

33. Cerveza especiada Soltice

Rendimiento: 5 galones (19 L)

Ingredientes:
- 8,0 lb (3,62 kg) de extracto pálido
- 1.0 lb (0.45 kg) de azúcar candi ámbar belga (sustituciones en orden de preferencia: azúcar candi pálido, azúcar de maíz)
- 0,45 kg (1,0 lb) de malta Belga Special B
- 0,45 kg (1,0 lb) de malta Vienna
- 0,45 kg (1,0 lb) de malta Munich
- 0,45 kg (1,0 lb) de malta cristal 75 ° L
- 0.5 lb (25 g) de cebada en copos (para retención de la espuma)
- 1.0 oz. (28 g) gránulos de lúpulo Chinook, 12,2% aa (45 min)

- 1.0 oz. (28 g) gránulos de lúpulo Saaz (knockout)
- 1 cucharada. yeso (agregado al agua de maceración)
- 0,5 cucharaditas Musgo irlandés (mejora la claridad)
- 0,25 cucharaditas jengibre seco
- 1 cucharadita nuez moscada
- 1 cucharadita canela
- Ralladura de 1/2 naranja
- Levadura London Ale (Wyeast 1028)

Especificaciones:
- Gravedad original: 1.084
- Gravedad final: 1.027
- ABV: 7,50%
- SRM: 24

Direcciones:
Triture los granos en 2 galones (7,6 litros) de agua a 156 ° F (69 ° C) durante 30 minutos. Rocíe con 7,6 litros (2 galones) de agua a 82 ° C (180 ° F). Para remojar granos: coloque los granos en una bolsa en la cantidad de agua fría que normalmente usa para preparar la cerveza. Caliente el agua de 150 a 160 ° F (66 a 71 ° C), deje reposar 5 minutos, retire los granos. Para todo grano: Triture en 4 galones (15,1 litros) de agua a 156 ° F (69 ° C) durante 45 minutos, rocíe con 3 galones (11,4 litros) de 180 ° F (82 ° C) de agua. Agregue el extracto y el azúcar candi y deje hervir. Agregue los lúpulos Chinook y hierva durante 45 minutos. Agregue las especias y el musgo irlandés y hierva 15 minutos más. Agregue los lúpulos Saaz al final de la ebullición. Enfriar y lanzar la levadura; fermentar a 65 ° F (18 ° C) durante dos semanas. Edad al menos dos semanas más antes de beber. Nota: Esta es una receta de 10 galones (37,9 litros) reducida a 5 galones (18,9 litros). Esta es una versión de puré parcial de la receta de granos empapados que usa Kyle. Para modificaciones para la versión de grano empapado, agregue 2 libras (907

gramos) de extracto pálido y retire las maltas Vienna y Munich. Para la versión de grano entero, reemplace el extracto pálido con 10 libras (4.54 kilogramos) de malta pálida.

34. Triple plumón belga Tripel

Rendimiento: 5 galones (18,9 L)

Ingredientes:
- 5,44 kg (12 lb) de malta Briess Pilsen
- 0,57 kg (1,25 lb) de malta Dingeman's Cara 8
- 1 libra (0,45 kg) de copos de arroz
- 1 libra (0,45 kg) de jarabe de arroz o jarabe de arroz sólidos a 0 min.
- 1 onza. (28 g) Styrian Goldings, 6% aa (60 min.)

- 1 onza. (28 g) Styrian Goldings, 6% aa (30 min.)
- 1 onza. (28 g) Styrian Goldings, 6% aa (0 min.)
- Levadura ale trapense de alta gravedad Wyeast 3787
- Levadura Wyeast 3711 French Saison Ale

Especificaciones:
- Gravedad original: 1.075
- Gravedad final: 1.013
- ABV: 8,20%
- IBU: 36
- SRM: 5

Direcciones:
Lleve 4,75 gal (17,9 L) de agua de maceración a 167 ° F (75 ° C) y triture los granos a 154 ° F (68 ° C) durante 1 hora. Caliente 17 L (4,5 galones) de agua de rociado a 82 ° C (180 ° F) en una tetera. Rocíe, recoja 6.25 gal (23.7 L) de mosto en una olla para hervir y hierva durante 60 minutos, agregando lúpulo como se indica. Enfríe el mosto a 22 ° C (72 ° F), transfiéralo al fermentador y pique ambas levaduras. Fermentar durante 2 semanas a 70-72 ° F (21-22 ° C), luego trasladar a la secundaria y dejar reposar durante 2 semanas a 72-75 ° F (22-24 ° C) antes de envasar y servir.

35. Wee Heavy

Rendimiento: 5,5 galones estadounidenses (20,8 L)

Ingredientes:
MALTAS
- 8,28 kg (18,25 lb) de malta pálida Golden Promise
- 8 oz. (227 g) 500 ° L de cebada tostada
LÚPULO
- 3 onzas. (57 g) East Kent Goldings, 5% aa @ 60 min
LEVADURA
- White Labs WLP028 Edinburgh Scottish Ale o levadura
  Wyeast 1728 Scottish Ale (preferiblemente pasta de
  levadura fresca de una Scottish Ale).
ARTÍCULOS ADICIONALES

- 1 tableta Whirlfloc o 1 cucharadita. (5 g) musgo irlandés a 15 min
- 1/2 cucharadita (2,2 g) de nutrientes de levadura a los 15 min

Especificaciones:
- Gravedad original: 1.091 (21.8 ° P)
- Gravedad final: 1.025 (6.3 ° P)
- ABV: 8,80%
- IBU: 36
- SRM: 20

Direcciones:
Triture los granos a 152 ° F (67 ° C) durante una hora. Triture a 76 ° C (168 ° F) y burbujee a 77 ° C (170 ° F). Recolecte suficiente mosto para tener en cuenta la evaporación del largo hervor de 120 minutos. Después de una hora, agregue los lúpulos de 60 minutos. A los 15 minutos, agregue 1 tableta Whirlfloc o 1 cucharadita. (5 g) de musgo irlandés y el nutriente de levadura. Después de hervir, revuelva el mosto vigorosamente para crear un remolino y precipitar la masa. Enfríe el mosto a 63 ° F (17 ° C) lo más rápido posible, páselo a un fermentador, pique la levadura y oxigene durante 1 minuto con oxígeno puro. Se debe permitir que la fermentación aumente libremente a 67 ° F (19 ° C) durante los primeros 4 días. Luego puede continuar a esa temperatura durante otras 2 semanas, o hasta que se alcance la gravedad terminal. Transfiera a la secundaria (se prefiere vidrio o acero inoxidable), y enfríe a 36 ° F (2 ° C) y déjela en frío durante 2-4 semanas.

36. Mangoose

Rendimiento: 5 galones estadounidenses (18,9 litros)

Ingredientes:
MALTAS
- 2,27 kg (5 libras) de malta Pilsner
- 2,5 libras (1,13 kg) de malta de trigo blanco
- 1,13 kg (2,5 lb) de malta de trigo rojo

LÚPULO
- 0,75 oz. (21 g) Saaz @ 30 min

ARTÍCULOS ADICIONALES
- 0,25 oz. (7 g) semillas de cilantro trituradas @ 10 min
- 0.5 oz. (14 g) sal marina @ 10 min
- Trozos de mango congelados de 4 lb (1,81 kg), descongelados, 5 días en secundaria

- ácido láctico opcional, según sea necesario para el ajuste del pH

LEVADURAS Y BACTERIAS
- 1 caja de jugo de mango Goodbelly
- 2 paquetes de Fermentis SafAle US-05

Especificaciones:
- Gravedad original: 1.048 (11.9 ° P)
- Gravedad final: 1.011 (2.8 ° P)
- ABV: 4.8%
- IBU: 8
- SRM: 5

Direcciones:

Triturar a 64 ° C (148 ° F) durante 75 minutos y rociar como de costumbre para recolectar el volumen completo previo a la ebullición. Lleve el mosto a ebullición, o al menos a 180 ° F (82 ° C), solo para esterilizarlo. Enfríe el mosto a 110 ° F (43 ° C). Verifique el pH y la gravedad, y agregue ácido láctico, si es necesario, para reducir el pH a 4.5 por seguridad.

Decante el jugo de Goodbelly y eche el sedimento de Lactobacillus en el mosto. Mantenga este mosto alrededor de 90-100 ° F (32-38 ° C) durante dos días para que se agria. Después de dos días, mida el pH y la gravedad. La gravedad no debería haber cambiado mucho, pero el pH debería haber caído por debajo de los 3 (el nuestro cayó a aproximadamente 3,3). El mosto agrio debe tener un olor limpio, agrio y a hierba. Si huele a vómito, se ha infectado con algo más y es posible que deba deshacerse de él.

Llevar a ebullición el mosto agrio y añadir el lúpulo y las especias en los tiempos indicados. Enfríe a 21 ° C (70 ° F), mueva al fermentador y coloque el US-05.

A medida que finaliza la fermentación, descongele y vuelva a congelar el mango dos o tres veces para ayudar a romper las paredes celulares de la fruta. Cuando finalice la fermentación, agregue el mango descongelado y déjelo reposar en el fermentador durante cinco días.

Choque en frío durante dos días y asegúrese de que la fruta se haya asentado en el fondo del fermentador antes del envasado.

37. Cerveza de especias y hierbas

Rendimiento: 6,1 gal. (23 litros)

Ingredientes:
Maltas
- 10 libras (4,54 kg) de malta Avangard Pilsner (87%)
- 1 libra (454 g) de malta blanca de trigo Briess (8,7%)
- 4 onzas. (113 g) Briess Carapils (2,2%)

- 4 onzas. (113 g) Cargill (Gambrinus) Honey Malt (2,2%)

Lúpulo

- 1 onza. (28 g) Hallertauer, 4% aa, hervir 60 min (13 IBU)
- 1 onza. (28 g) Hallertauer, 4% aa, hervir 15 min (6 IBU)
- 1 onza. (28 g) Hallertauer, 4% aa, dry hop 6 días

Diverso

- 0,46 g de cloruro de calcio - CaCl2 (puré)
- 0,41 g de sal de Epsom - MgSO4 (puré)
- 0,41 g de yeso - CaSO4 (puré)
- 0,33 g de cloruro de calcio - CaCl2 (burbujeo)
- 0,3 g de sal de Epsom - MgSO4 (burbujeo)
- 0,3 g de yeso - CaSO4 (burbujeo)
- 1 tableta de Whirlfloc (hervir, 15 min)
- 5 libras de ube asado (primario)

Levadura

- 1 sobre de Fermentis SafLager S-23
- Perfil de agua
- Ca 21 ppm, Mg 3 ppm, Na 2 ppm, Cl 12 ppm, SO4 21 ppm, HCO3 25 ppm

Especificaciones:

- Gravedad original: 1.051
- Gravedad final: 1.006
- IBU: 19
- SRM: 4

Direcciones:

Triture a 149 ° F (65 ° C) durante 60 minutos. Lleve a ebullición de 60 minutos, siguiendo el programa de adición como se indica en los ingredientes. Fermentar en primario durante 14 días a 68 ° F (20 ° C). Carbonato a 2,4 vol. (4,8 g / L) CO2

38. Portero báltico

Rendimiento: 22,7 L (6 galones estadounidenses)

Ingredientes:
MALTAS
- 8,5 libras (3,86 kg) Weyermann Munich Tipo I
- 3,40 kg (7,5 libras) de malta ahumada Weyermann
- 2 libras (907 g) Weyermann Munich Tipo II
- 567 g (1,25 lb) Dingemans Special B
- 454 g (1 libra) de Weyermann Caraaroma
- 1 libra (454 g) de trigo con chocolate Weyermann
- 12 onzas. (340 g) Cristal de Briess 60
- 3 onzas. (85 g) Weyermann Carafa II Especial

LÚPULO
- 1,5 oz. (43 g) Magnum, 11,8% aa @ 60 min
- 1,25 oz. (35 g) Hallertau Mittelfrüh, 3.9% aa @ 15 min

LEVADURA
- 2 packs in 10 L starter Fermentis Saflager W-34/70

ADDITIONAL INGREDIENTS

- 1 lb. (454 g) baking molasses

WATER TREATMENT

- For low mineral water, add 1 tsp. calcium chloride and $\frac{1}{2}$ tsp gypsum.

Specifications:
- Original Gravity: 1.104 (24.6°P)
- Final Gravity: 1.026 (6.6°P)
- ABV: 10.2%
- IBU: 56
- SRM: 51
- Efficiency: 70%

Directions:

Mash at 153°F (67°C) for 60 minutes. Sparge, add molasses, and boil 90 minutes, adding hops as indicated. Ferment using the fast lager method in article. Cold crash. Add Safale US-05 yeast and 2.5 oz. (71 g) table sugar to bottle or keg to achieve

2.5 vol. (5 g/L) CO_2. Lager for two months at 35°F (2°C).

39. Irish stout

Yield: 5 US gal. (18.9 L)

Ingredients:
MALTS
- 6.5 lb. Maris Otter pale malt
- 2 lb. flaked barley
- 1.5 lb. 550°L roasted barley
- 4 oz. 550°L black malt
HOPS
- 0.75 oz. (21 g) Nugget, 11% a.a. @ 60 min
- 0.5 oz. (14 g) Galena, 11% a.a. @ 30 min
- 0.5 oz. (14 g) East Kent Goldings, 4.5% a.a. @ 10 min
YEAST

- Imperial A10 Darkness

Specifications:
- Original Gravity: 1.053 (13.1°P)
- Final Gravity: 1.014 (3.6°P)
- ABV: 5.2%
- IBU: 50
- SRM: 56

Directions:
Mash at 152°F (67°C) for 60 minutes. Boil 60 minutes, adding hops as indicated. Ferment at 64°F (18°C) until specific gravity stabilizes at or near 1.014 (3.6°P). Package with 1.1 vol. (2.2 g/L) of CO_2 and optionally serve on nitro.

EXTRACT VERSION Replace the Maris Otter and flaked barley with 6.5 lb. (2.9 kg) Maris Otter liquid malt extract and 1 lb. (454 g) Carapils. Steep the Carapils, roast barley, and black malt for 30 minutes at 155°F (68°C) in 2 gal. (7.6 L) water. Remove the steeping grains and thoroughly dissolve the malt extract in the resulting wort. Top up with water to desired boil volume and proceed with the boil as above.

Yield: 5.5 gallons (21 L)

Ingredients:
- 6 lb (2.7 kg) German Vienna malt (Weyermann) – Mash
- 2 lb (907 g) German Munich malt (Weyermann) – Mash
- 8 oz (227 g) Dark Munich malt (Weyermann) – Mash
- 8 oz (227 g) Caramunich II (Weyermann) – Vorlauf
- 8 oz (227 g) Carafa II Special (Weyermann) – Vorlauf
- 0.65 oz (18 g) Czech Saaz 3.6% pellets – FWH
- 0.65 oz (18 g) Czech Saaz 3.6% pellets @ 60 min
- 0.65 oz (18 g) Czech Saaz 3.6% pellets @ 0 min
- White Labs WLP802 Czech Budejovice Lager yeast

Specifications:
- Original Gravity: 1.048
- Final Gravity: 1.012
- ABV: 4.8%

- IBU: 18
- SRM: 22
- Efficiency: 75%

Directions:
Water treatment: RO water treated with $\frac{1}{4}$ tsp 10% phosphoric acid per 5 gallons
1 tsp CaCl2 in mash. Mash technique: Step mash, mashout, dark grains added at vorlauf

Mash rests: 131°F (55°C) 15 minutes, 147°F (64°C) 30 minutes, 158°F (70°C) 30 minutes, 170°F (77°C) 15 minutes.

Variations: Can be made in various strengths; if modifying, choose strength based on whole numbers when expressed in degrees Plato (1.044, 1.048, 1.052, 1.057, etc.). The balance can be adjusted to suit tastes; if you want to adjust caramel flavors, change the amount of Caramunich. If you want more malty richness, increase the dark Munich. If you want to make this as a decoction mashed beer, you can use the a single decoction hochkurz style at the same rest temperatures, pulling the decoction while resting at 145°F (63°C). This version represents the more traditional balance of the style, with a more sweet impression. Modern examples are often drier, have a higher bitterness (to give a somewhat bittersweet flavor), and more late hops. To brew one of these, increase the IBUs to around 30, and double the last hop addition.

41. Tuxedo Speedo Black IPA

Yield: 5 U.S. gallons (19 L)

Ingredients:
MALTS
- 10 lb. (4.53 kg) pale two-row malt
- 1.4 lb. (649 g) dextrin malt
- 8.6 oz. (244 g) 120° L crystal malt
- 11.4 oz. (324 g) black patent malt (in mash)

HOPS
- 0.18 oz. (5 g) Columbus pellets, 15% a.a. (60 min), 12.2. IBU
- 0.36 oz. (10 g) Simcoe pellets, 13% a.a. (60 min), 21.1 IBU
- 0.43 oz. (12 g) Cascade pellets, 5.75% a.a. (45 min), 10 IBU
- 1.43 oz. (41 g) Cascade pellets, 5.75% a.a. (15 min), 10 IBU
- 1.43 oz. (41 g) Chinook pellets, 13% a.a (15 min), 22.5 IBU
- 1.43 oz. (41 g) Amarillo pellets (0 min)
- 0.71 oz. (20 g) Cascade pellets (dry, 21 days)
- 0.71 oz. (20 g) Mosaic pellets (dry, 21 days)

OTHER INGREDIENTS
- 1 tsp. (5 g) Irish moss

YEAST
- American ale yeast

Specifications:
- Original Gravity: 1.067
- Final Gravity: 1.016
- IBU: 75
- SRM: 33
- Boil Time: 90 minutes

Directions:
Mash grains at 152°F (67°C) for one hour. Ferment at 68°F (20°C) until terminal gravity is reached. Add dry hops in secondary and package after three weeks.

Extract Version Substitute 7.3 lb. (3.3 kg) light malt extract syrup for pale two-row malt. Steep remaining grains at 155°F (68°C) for one hour. Rinse grains, dissolve extract syrup, and proceed with boil.

42. Dunkelweizendoppelbock

Yield: 5 US gallons (19 L)

Ingredients:
MALTS
- 9.28 lb. (4.21 kg) Weyermann® Barke® Pilsner Malt (46.5%)
- 5.39 lb. (2.44 kg) Weyermann® Pale Wheat Malt (27%)
- 3.0 lb. (1.36 kg) Weyermann® Dark Wheat Malt (15%)
- 1.5 lb. (680 g) Weyermann® Carawheat® Malt (7.5%)
- 0.6 lb. (272 g) Weyermann® Acidulated Malt (3%)
- 0.2 lb. (90 g) Weyermann® Roasted Chocolate Wheat Malt (1%)
- 1.6 lb. (723 g) rice hulls

HOPS
- 0.5 oz. (14 g) Herkules, 14.5% a.a., 60 min
- 0.3 oz. (7 g) Saphir, 3.25% a.a., 10 min
- 0.8 oz. (21 g) Saphir, 3.25% a.a., 5 min

YEAST
- Fermentis WB-06 or Fermentis Safbrew Abbaye

Specifications:
- Original Gravity: 1.101
- Final Gravity: 1.018-1.020
- ABV: 10.20%
- IBU: 35
- SRM: 20

Directions:

Dough in at approximately 113°F (45°C) for a 30-minute hydration and beta-glucanase rest. To mitigate subsequent lautering problems, it is also advisable to add about 10% of the dry malt weight in rice hulls at dough-in. After the cytolytic rest, infuse the mash with hot brewing liquor to raise the temperature to 122°F (50°C) for a proteolytic rest of 30 minutes at the peak-performance temperature of protease. Next, raise the mash to 149°F (65°C), the peak-performance temperature of beta amylase. This ensures the production of plenty of fermentables, and thus of alcohol. Allow 30 minutes for this diastatic rest. Repeat the temperature rise a final time to reach the alpha amylase peak temperature of 162°F (72°C). Rest the mash again, this time for 15 minutes, to convert the remaining starches into unfermentable dextrins for extra body in the finished beer. The large grain bill, in conjunction with the many hot-water infusions, is also likely to fill the mash tun to the limit of its capacity. Recirculate the wort thoroughly for perhaps 30 minutes. Then sparge and lauter simultaneously. Use the hot sparge liquor to raise the grain bed temperature to the mash-out temperature of 170°F (77°C). The run-off is likely to be slow! Stop sparging as soon as the kettle gravity is about 1.086 (20.8°P), assuming a 10% evaporation rate during a 90-minute kettle boil. In some mash tun configurations, because of aspect ratios and false-bottom designs, a kettle gravity of

1.086 may not be possible to achieve. In this case, simply sparge until the kettle is full. Then extend the boil until the net kettle gravity of 24°P is reached through evaporation. When weighing out the hop additions, adjust quantities to the projected actual net kettle volume. Boil for at least 90 minutes (or longer if the original gravity at the start of the boil is an issue). Add bittering hops 60 minutes before the anticipated shutdown time. Add flavor hops with 10 minutes of boil time remaining. Add aroma hops 5 minutes before shutdown. Whirlpool and chill. Pitch about twice as much yeast as you normally would for a "regular" brew and aerate well. In our experimental batch, we used 1.5 oz./5 gal. (44 g/19 L) of dried yeast. Primary ferment the brew at the middle of the preferred temperature range of the selected yeast for a total of 3 weeks. At the end of primary fermentation, rack the brew into a clean tank for 7–8 days of secondary fermentation. Prime and bottle the brew. Alternatively, rack the brew into a keg and let it mature for 2 weeks under pressure. Finally, adjust carbonation in the keg to 3.3 to 4.5 volumes (6.6 to 9 g/L) of CO_2 before dispensing it unfiltered from the keg.

43. Triple-X

Yield: 6 gallons (22.7 L)

Ingredients:
- 7.2 lb (3.26 kg) English Pale Ale LME (3.5 °L) | 68.9%
- 1.0 lb (0.45 kg) Lactose Powder (Milk Sugar) (0 °L) | 9.6%
- 1.0 lb (0.45 kg) Black Patent Malt (525 °L) | 9.6%
- 0.75 lb (340 g) Crystal (80 °L) | 7.2 %
- 0.5 lb (227 g) Pale Chocolate Malt (200 °L) | 4.8 %
- 1.5 oz (43 g) Kent Goldings 5% AA @ 60 minutes
- Yeast (White Labs WLP006 Bedford British, Wyeast 1099 Whitbread Ale, or Fermentis Safale S-04
- *The recipe is intended to yield 6 gallons at the end of the boil. 5.5 gallons are assumed to be racked to the fermenter (accounting for 1/2 gallon loss). Final volume should be 5 gallons for bottling (accounting for 1/2 gallon loss)

Specifications:

- Original Gravity: 1.060 (14.8 °P)
- Final Gravity: 1.023 (5.7 °P)
- ABV: 4.90%
- IBU: 29
- SRM: 39 (78 EBC)
- Boil Time: 60 minutes

Directions:
Fermentation and Conditioning
Use 11 grams of properly rehydrated yeast, 2 liquid yeast packages, or make an appropriate starter.

Ferment at 68 °F (20 °C).

When finished, carbonate the beer to approximately 1.5 to 2 volumes.

All-Grain Option Replace the English extract with 10 lb (4.53 kg) British pale ale malt. Mash for 60 minutes at 151 °F (66 °C).
Photo © Siggi Churchill Flickr CC

44. German pilsner

Ingredients:
- 9.5 lb. (4.3 kg) Briess Vienna GoldPils malt
- 2 oz. (56 g) German Hallertauer hops, 4.4% a.a. (60 min.)
- 1 oz. (28 g) German Saphir hop pellets, 4.5% a.a. (20 min.)
- 1 oz. (28 g) German Saphir hop pellets, 4.5% a.a. (dry hop)
- 0.25 tsp. (1 g) powdered Irish moss
- German or Bavarian lager yeast. (Charlie uses White Labs Cry Havoc)
- 0.75 cup (175 mL) corn sugar (priming bottles) or 0.33 cup (80 mL) corn sugar for kegging

Specifications:
- Original Gravity: 1.048

- Final Gravity: 1.012
- ABV: 4.50%
- IBU: 41
- SRM: 5
- Boil Time: 60 minutes

Directions:

A step infusion mash is employed to mash the grains. Add 9.5 quarts (9 L) of 140°F (60°C) water to the crushed grain, stir, stabilize, and hold the temperature at 132°F (56°C) for 30 minutes. Add 4.75 quarts (4.5 L) of boiling water, add heat to bring temperature up to 155°F (68°C), and hold for about 30 minutes. Raise temperature to 167°F (75°C), lauter, and sparge with 3.5 gallons (13.5 L) of 170°F (77°C) water. Collect about 5.5 gallons (21 L) of runoff. Add 60-minute hops and bring to a full and vigorous boil. The total boil time will be 60 minutes. When 20 minutes remain, add the 20-minute hops. When 10 minutes remain, add the Irish moss. After a total wort boil of 60 minutes, turn off the heat and place the pot (with cover on) in a running cold-water bath for 30 minutes. Continue to chill in the immersion or use other methods to chill your wort. Transfer the wort into a sanitized fermenter. Bring the total volume to 5.5 gallons (21 L) with additional cold water if necessary. Aerate wort very well. Pitch the yeast when temperature of wort is about 70°F (21°C). Once visible signs of fermentation are evident, ferment at temperatures of about 55°F (12.5°C) for about one week or until fermentation shows signs of calm and stopping. Rack from primary to secondary and add the hop pellets for dry hopping. If you have the capability, "lager" the beer at temperatures of 35–45°F (2–7°C) for 3–6 weeks. Prime with sugar and bottle or keg when complete.

45. Devil Lord Hobo

Yield: 5.5 gallons (20.82 L)

Ingredients:
- Classic Bohemian Pilsner
- 11.0 lb. (4.99 kg) Belgian Pilsner malt
- 2.25 oz. (63 g) Saaz, 4.5% a.a. (60 min.)
- 1.0 oz. (28 g) Saaz, 4.5% a.a. (0 min.)
- Wyeast 2124 Bohemian Lager yeast
- Transformer: Hobo Devil
- Substitute a Belgian Pils malt like Castle for Bohemian and increase to 12 lb. (5.44 kg). An infusion mash schedule with a protein rest is sufficient for the highly modified base malt: 30-minute rests at 122°F (50°C) and 148°F (64°C), followed by a mash out at 168°F (75°C).
- Add 0.5 lb. (227 g) aromatic malt.

- Add 2 lb. (0.9 kg) table sugar to the boil.
- Decrease bittering addition of Saaz to 2.0 oz. (57 g).
- Substitute Wyeast 1388 Belgian Strong Ale yeast for Bohemian lager yeast.

Specifications:
- Original Gravity: 1.051 | 1.076
- ABV: 5.2% | 8.9%
- IBU: 40 | 35
- SRM: 3 | 5

Directions:
Adjust water with calcium chloride (about 1 tsp. or 5 mL for a neutral water source) and minimal other minerals. Strike with 16 quarts (15.14 L) of 134°F (57°C) water to rest at 122°F (50°C) for 20 minutes. Decoction #1: Pull a thick decoction of 1/3 of the mash with minimal liquid. Heat decoction to 152°F (67°C) and hold for 20 minutes in a separate vessel, then bring to a boil while stirring. Return decoction to the main mash to raise the temperature to approximately 150°F (66°C). Decoction #2: Pull a thick decoction of 1/3 of the mash with minimal liquid and bring to a boil. Add back to the main mash to raise temperature to 168°F (76°C) for a 10-minute mash out. Ferment for two weeks at 48–50°F (9–10°C). Raise to 54°F (18°C) for 24 hours, then cold crash to 35°F (2°C) and cold condition for two more weeks.

46. Aged Raspberry Basil Porter

Yield: 5 gallons (19 L)

Ingredients:
- 7.75 lb (3.5 kg) North American two-row
- 1.0 lb (0.45 kg) Chocolate malt
- 0.5 lb (0.2 kg) Black malt
- 0.6 lb (0.3 kg) 60L Crystal malt
- 0.25 lb (0.1 kg) Wheat malt
- 0.6 oz (17 g) Columbus hops (60 minutes)
- 0.7 oz (19 g) Vanguard hops (5 minutes)
- 25.6 fl. oz Raspberry juice concentrate (65 Brix)
- One good-sized handful Thai basil leaves
- Nice English ale yeast
- 10.0 oz (0.28 kg) Palo Santo wood sticks

Specifications:
- Original Gravity: 1.061 (15° Plato)
- IBU: 40
- Boil Time: 70 minutes

Directions:
Mash in with 3 gallons (11.4 L) of water to achieve strike temperature of 152°F (66°C). Rest for 30 minutes.
Vorlauf to achieve wort of acceptable clarity, free or large particulate.
Collect enough wort in anticipation of sending 5.5 gallons to your fermenter keeping in mind that you'll be adding about a quarter gallon of liquid at the end of the boil in the form of raspberry juice concentrate.
Boil for 10 minutes and add all of the columbus hops. Boil for another 55 minutes and add the Vanguard hops.
After another 5 minutes of boiling, remove the heat from the kettle and stir in the raspberry juice concentrate and rest for 10 minutes.
Chill the wort and send it to the primary fermenter. Aerate the wort and pitch the yeast.
Once the beer reaches its terminal gravity of about 1.015 (3.8° Plato), prepare a secondary fermenter.
To it add the basil which will be macerated with a bit of neutral spirit and the Palo Santo wood sticks, which can be soaked for 10 minutes in 185°F (85°C) water acidified with food grade phosphoric acid to a concentration of about 0.25 percent or steamed to sanitize.
Rack the beer to secondary and allow it to age for about three weeks. Package it as you normally would and enjoy.
Note: Palo Santo wood sticks found online are pricey, but can be reused as they are rich in aromatic resin.

47. Spruce Beer

Ingredients
- 1 gallon water
- 1 gallon plastic bag full of spruce limbs (the tips and newer growth)
- 1 cup dark maple syrup
- 1/4 ounce hops (such as Willamette and Centennial)
- 1 packet ale yeast
- 6 raisins
- 5 allspice berries, cracked (optional)
- 1 teaspoon ground ginger (optional)

Steps
Boil water, hops and spices in a large pot for 20 minutes. Add the spruce limbs and boil for another 10 minutes. Strain the mixture through a mesh brew bag (if you have one) or a metal strainer. Let the liquid stand until it is warm.

Sanitize a gallon glass jug (known as a fermenter). You can do this with a no-rinse sanitizer, found at brewing stores. Pour the warm spruce liquid into the jug; if using a funnel be sure to sanitize that as well. Add the yeast and the sugar. Cork the jug with a sanitized rubber stopper and an airlock. Store in a cool, dark place and allow it to ferment for 2 to 4 days, or until it stops bubbling.

Sanitize your bottles (Lohman prefers 250-milliliter clip top stopper bottles, but you can bottle in traditional small beer bottles) by boiling them for 30 minutes and then letting them cool upside down. Put three raisins in the bottom of each bottle and fill with the liquid. (The original recipe claims that the raisins stop the fermentation process, but it's mistaken; they're to give the yeast one last meal, which carbonates the beverage once it's bottled.)

Allow to sit another two days, then chill.
Forget that and you might just head towards a sad, vinegary demise, instead of nettle beer happiness.

48. Nettle beer

- 1kg nettle tops
- 4l water
- 1 lemon, juiced
- 750g of sugar
- 25g of cream of tartar
- 1 sachet of ale yeast
- SAVE RECIPE
- PRINT RECIPE
- SHOPPING LIST
- Equipment
- Demijohn bottle with airlock and bung
- 750ml brown bottles (6)

Method

① First, give the nettles tops a thorough wash in the sink and then drain. If you have a salad spinner, that is quite useful for ejecting any creepy crawlies that may be lurking in the leaves

♌① Next, bring the water to the boil in a stock pot and throw the nettle tops in. Boil hard for 15 minutes, then carefully strain into another stock pot

♍① Stir in the sugar, lemon juice and cream of tartar until everything has dissolved, and leave to cool to room temperature nettle beer

♎① Pitch (or sprinkle) the ale yeast over the surface of the nettle brew, then cover with muslin cloth or a tea towel and leave overnight

♏① The next day, take a demijohn bottle and pour in the brew using a funnel. Top with a bung and a water airlock then leave to ferment and bubble for up to 6 days

♐① Siphon into clean brown bottles, cap them and then leave to chill in the fridge for another week before drinking gose beer recipe

49. NorCal Gose Beer

Ingredients
- 29 ounces dry wheat malt extract (54%)
- 12 ounces light dry malt extract (22%)
- 13 ounces acidulated malt, crushed (24%)
- 10 grams low alpha acid hops, like Saaz or Styrian Goldings (pellets)
- 20 grams juniper berries, crushed
- Peeled zest from 1 lemon
- 14 grams sea salt
- 1 Whirlfloc tablet (optional)
- White Labs German Ale/Kolsch WL029, at room temperature
- 2 to 3 teaspoons 88% lactic acid (optional)

Instructions

Mash the acid malt. Put the acidulated malt into a grain bag or tie it up loosely in cheesecloth and cover it with 2 quarts of water. Bring this to 150°F to 155°F over medium heat and hold it at this temperature for 30 minutes. Remove the bag and set it over the pot in a strainer. Pour 2 quarts of water heated to 170°F over it to rinse the grain. Let the bag drain for 10 minutes, then remove. Discard the grain or feed it to animals. Start the boil. Add 3 more gallons of water to the pot and bring this to a boil. As the water heats up, stir in both extracts, making sure there are no lumps. When you reach a boil, add the hops and set the timer for 1 hour.

Add the seasonings. With 10 minutes to go, add the juniper, salt and lemon rind, plus the Whirlfloc tablet if you are using it. If you have a wort chiller, now is the time to put it in the boiling wort so it can sanitize.

Crash chill the wort. Use your wort chiller to chill the wort back to 75°F or cooler, depending on how warm your tap water is. Or, put the pot in a cooler with lots of ice water in it. Use a clean metal spoon to create a whirlpool in the wort, which will help it chill faster. Hopefully you will see gnarly bits in the wort that look like egg drop soup, or separating miso in soup: That's cold crash trub, and seeing it means you will have a clearer beer.

Move the wort to the fermentor. Add the yeast to the fermentor; I use a glass carboy. Pour the contents of the pot through a sanitized strainer into the fermentor. If the strainer gets all gunked up with trub, remove it before continuing. Put a sanitized airlock on the fermentor and put the beer in a place where it can ferment cool, ideally 66°F to 69°F. Leave it there for 1 week.

Rack the beer to a secondary. If there is a lot of gunk in the fermentor, rack the beer from the primary fermentor to a sanitized secondary fermentor -- this one needs to be a glass carboy. I do this only if there is a lot of crud in the fermentor. Either way, let the beer finish fermenting for 1 more week.

Bottle or keg the beer. If you are bottling, you want to add enough priming sugar to the batch to get about 3.4 volumes of CO_2. If you are using the lactic acid, add it to the beer with the priming sugar before bottling. Bottle condition 2 weeks before drinking.

50. Lacto-Fermented Root Beer

INGREDIENTS:
- 2-1/2 quarts filtered water
- 1/2 cup dried, chopped sarsaparilla root
- 1/4 cup dried, chopped sassafras root
- 1-1/4 to 1-1/2 cups unrefined whole cane sugar (rapadura or Sucanat)
- 3/4 cup whey
- 3 quart-size swing-top bottles, cleaned thoroughly

INSTRUCTIONS:
Place roots and sugar in a large saucepan. Add 3 quarts filtered water. Bring to a boil over high heat, then reduce heat to low and simmer for 20 minutes. Remove from heat, cover, and let sit 30 minutes.

Strain roots from liquid by placing a fine mesh sieve in a funnel that will fit into the neck of the swing-top bottle. Fill bottles, leaving enough head room to hold 1/4 cup of whey or starter culture and still have an inch or so remaining.

When the root beer has cooled to almost room temperature (or around 80° to 85°F), add the whey. Place the cap on tight and gently shake to blend. Leaving the cap on, store at room temperature for 2 to 4 days, checking for carbonation after 2 days. Refrigerate when the brew is fizzy enough for your tastes. Do not store at room temperature for extended lengths of time as there is always a (remote) possibility that the bottle could explode if enough pressure builds up inside.

If your brew does not get fizzy you can still enjoy it by adding it to a glass of mineral water or water kefir.

51. American Old Guard Stout

Batch size: 5.5 gallons (21 liters)

Ingredients

MALT/GRAIN BILL
- 10 lb (4.5 kg) two-row pale
- 2 lb (907 g) Munich
- 1 lb (454 g) Crystal 60L
- 12 oz (340 g) Weyermann Carafa II
- 8 oz (227 g) roasted barley

HOPS SCHEDULE
- 1 oz (28 g) Chinook [13% AA] at 60 minutes
- 1 oz (28 g) Centennial [10% AA] at 10 minutes
- 1 oz (28 g) Cascade [7% AA] at flame-out

YEAST
- White Labs WLP001 California Ale

Specifications

- Brewhouse efficiency: 70%
- OG: 1.064
- FG: 1.016
- IBUs: 47
- ABV: 6.5%

DIRECTIONS

Mill the grains and mash at 154°F (68°C) for 60 minutes, aiming for a mash pH of 5.5. Raise to 168°F (76°C) for 10 minutes and mash out. Vorlauf until the runnings are clear, then run off into the kettle. Sparge the grains and top up as necessary to obtain about 7 gallons (26.5 liters) of wort—or more, depending on your evaporation rate. Boil for 60 minutes, following the hops schedule. After the boil, chill the wort to about 67°F (19°C), aerate well, and pitch the yeast. Ferment at 67°F (19°C). Once fermentation is complete, cold-crash, package, and carbonate.

Recipe: Urban Chestnut Hallertau Wolamot Doppelbock
Brewed once per year at Urban Chestnut's brewery in Wolnzach, in the heart of Bavaria's hop-growing Hallertau region, here is a homebrew-scale recipe for the strong, malty, mahogany-colored beer named for the town's 8th-century founder.

Batch size: 5 gallons (19 liters)

MALT/GRAIN BILL
- 6.4 lb (2.9 kg) Rhön Pilsner
- 6.4 lb (2.9 kg) Rhön Müncher
- 14 oz (397 g) Weyermann Carahell
- 6 oz (170 g) Weyermann Caramunich II
- 0.5 oz (14 g) Weyermann Carafa Special II

HOPS SCHEDULE
- 0.55 oz (16 g) Perle at 75 minutes [13 IBUs]
- 0.5 oz (14 g) Perle at 30 minutes [9 IBUs]
- 0.2 oz (6 g) Hallertauer Mittelfrüh at flameout

YEAST
- Fermentis SafLager W-34/70, or favorite lager strain

Specifications
- Brewhouse efficiency: 72%
- OG 1.074
- FG: 1.017
- IBUs: 22
- ABV: 7.5%

DIRECTIONS
Mill the grains and mash in at 122°F (50°C); raise to 126°F (52°C) and rest 15 minutes; raise to 145°F (63°C) and rest 30 minutes; then raise to 162°F (72°C) and rest 15 minutes. After that step comes a single decoction: Separate one-third of the mash to a separate burner, bring to a boil, and boil for 15 minutes. Reunite the mash. Vorlauf until the runnings are clear, then run off into the kettle. Sparge and top up as necessary to get about 6.5 gallons (25 liters) of wort—or more, depending on your evaporation rate. Boil for 75 minutes, adding hops according to the schedule. Chill to 46°F (8°C), aerate well, and pitch plenty of healthy yeast. Ferment at 50°F (10°C) for about 10 days, until fermentation is complete and the beer has cleared diacetyl (see Hunting for Diacetyl). Decrease the temperature by about 4°F (2°C) per day until you reach 32°F (0°C), then lager for 4–6 weeks, package, and carbonate.

53. Little Ghost Saison

Batch size: 5.5 gallons (21 liters)
Brewhouse efficiency: 72%
OG: 1.054
FG: 1.008
IBUs: 33
ABV: 6.1%.

MALT/GRAIN BILL
7 lb (3.2 kg) Belgian pilsner
1 lb (454 g) flaked oats
8 oz (227 g) Carapils

4 oz (113 g) aromatic malt

HOPS AND ADDITIONS SCHEDULE
1.5 lb (680 g) light brown sugar at 90 minutes
1.5 oz (43 g) Hallertauer Tradition [AA 6%] at 60 minutes
1 oz (28 g) Styrian Goldings [2.6% AA] at 20 minutes

YEAST
East Coast Yeast Farmhouse Blend Isolate ECY03-B, or a yeast starter made from Fantôme bottle dregs.

DIRECTIONS Mill the grains and mash at 150°F (66°C) for 60 minutes. Vorlauf until the runnings are clear, then run off into the kettle. Sparge the grains and top up as necessary to obtain 7.3 gallons (28 liters) of wort—or more, depending on your evaporation rate. Boil for 90 minutes following the hops and additions schedule. After the boil, chill the wort to about 63°F (17°C), aerate the wort, and pitch the yeast. Hold at 63–64°F (17–18°C) for 2–3 days, then allow the temperature to rise to 70–80°F (21–27°C) as tempered by a water bath. Allow to ferment completely before packaging.

Toggle navigation
Craft Beer & Brewing Logo

Batch size: 5 gallons (19 liters)

MALT/GRAIN BILL
- 9 lb (4.1 kg) Maris Otter
- 8 oz (227 g) British Medium Crystal Malt (65L)
- 8 oz (227 g) Caramunich
- 12 oz (340 g) Chocolate Malt

HOPS SCHEDULE
- 1 oz (28 g) Hallertau [4% AA] at 60 minutes
- 0.5 oz (14 g) Liberty [5% AA] at 10 minutes
- 0.5 oz (14 g) Crystal [5% AA] at 10 minutes
- 0.5 oz (14 g) Liberty at dry hop
- 0.5 oz (14 g) Crystal at dry hop

YEAST
- Wyeast 1318 London Ale III

Specifications
- Brewhouse efficiency: 72%
- OG: 1.058
- FG: 1.014
- IBUs: 22
- ABV: 5.7%

DIRECTIONS

a) Mill the grains and mix with 3.36 gallons (12.7 l) of 163°F (73°C) strike water to reach a mash temperature of 152°F (67°C). Hold this temperature for 60 minutes. Vorlauf until your runnings are clear, then run off into the kettle. Sparge the grains with 3.9 gallons (14.7 l) and top up as necessary to obtain 6 gallons (23 l) of wort. Boil for 60 minutes, following the hops schedule.

b) After the boil, chill the wort to slightly below fermentation temperature, about 63°F (17°C). Aerate the wort with pure oxygen or filtered air and pitch the yeast. Ferment at 65°F (18°C) for 7 days, then allow the temperature to rise to 68°F (20°C). Crash the beer to 35°F (2°C), add the dry hops, then after 5 days, bottle or keg the beer and carbonate to approximately 2 volumes.

CONCLUSION

Now you know the basic process for brewing your own beer at home. As you gain experience and confidence, you can work in more wrinkles, such as using gypsum to harden your brewing water (if necessary) or adding Irish moss to your boil to help with beer clarity.

That's all there is to making your own beer. After allowing the beer to condition, it's time to share it with friends and family and brag about how you made it yourself. Welcome to home brewing!

Happy brewing!

9 781802 882063